اندھیرے سے غلبہ تک: اندھیرے کی چھپی ہوئی گرفت سے آزاد ہونے کے لیے 40 دن

بیداری، نجات اور طاقت کی عالمی عقیدت

افراد، خاندانوں اور قوموں کے لیے جو آزاد ہونے کے لیے تیار ہیں۔

کی طرف سے

زکریا گوڈسیگل؛ سفیر پیر او اوگبے اور کمفرٹ لاڈی اوگبے / Zacharias Godseagle; Ambassador Monday O. Ogbe and Comfort Ladi Ogbe

مندرجات کا جدول

اندھیرے سے غلبہ تک: اندھیرے کی چھپی ہوئی گرفت سے آزاد ہونے کے لیے 40 دن 1

بیداری، نجات اور طاقت کی عالمی عقیدت 1

افراد، خاندانوں اور قوموں کے لیے جو آزاد ہونے کے لیے تیار ہیں 1

کاپی رائٹ صفحہ 5

کتاب کے بارے میں - اندھیرے سے ڈومینین تک 8

بیک کور ٹیکسٹ 11

ایک پیراگراف میڈیا پرومو (پریس/ای میل/ایڈ بلرب) 13

لگن 15

اعترافات 16

قاری کے لیے 18

اس کتاب کا استعمال کیسے کریں 20

دیباچہ 23

پیش لفظ 25

2

27	تعارف
30	**باب 1: تاریک بادشاہی کی ابتدا**
30	اندھیرے کا زوال اور تشکیل
30	تاریک بادشاہی کا عالمی اظہار
31	یہ کتاب اب کیوں اہمیت رکھتی ہے
31	آپ جنگ
33	**باب 2: اندھیرے کی بادشاہی آج کیسے کام کرتی ہے**
37	**باب 3: داخلے کے پوائنٹس - لوگ کس طرح**
40	**باب 4: اظہارات - قبضے سے جنون**
43	**باب 5: لفظ کی طاقت - مومنوں کی اتھارٹی**
46	دن 1: خون کی لکیریں اور دروازے - خاندانی زنجیروں کو توڑنا
49	دن 2: خوابوں کے حملے - جب رات میدان جنگ بن جاتی ہے
52	دن 3: روحانی شریک حیات - ناپاک اتحاد جو تقدیر کو باندھتے ہیں
56	دن 4: لعنتی اشیاء - وہ دروازے جو ناپاک کرتے ہیں
59	پانچواں دن: دلکش اور دھوکہ دہی - الہام کی روح سے آزاد ہونا
63	دن 6: آنکھ کے دروازے - تاریکی کے پورٹلز کو بند کرنا
66	دن 7: ناموں کے پیچھے طاقت - ناپاک شناختوں کو ترک کرنا
69	دن 8: جھوٹی روشنی کو بے نقاب کرنا - نئے دور کے جال اور فرشتوں کے فریب

دن 9: خون کی قربان گاہ - وہ عہد جو زندگی کا مطالبہ کرتے ہیں   73

دن 10: بانجھ پن اور ٹوٹ پھوٹ - جب رحم ایک میدان جنگ بن جاتا ہے   77

کے ساتھ129   سے آزاد80 کے اندر نظر نہ آنے والی جنگ 85   221 نہیں کھیل سکتے

کاپی رائٹ صفحہ

اندھیرے سے ڈومینین تک: اندھیرے کی چھپی ہوئی گرفت سے آزاد ہونے کے 40 دن - آگاہی، نجات اور طاقت کی عالمی عقیدت
از زکریا گوڈسیگل، کمفرٹ لاڈی اوگبے اور سفیر پیر او اوگبی

کاپی رائٹ © 2025 از **Zacharias Godseagle** اور **God's Eagle Ministrie** s - GEM
تمام حقوق محفوظ ہیں۔

پبلشرز کی پیشگی تحریری اجازت کے بغیر، اس اشاعت کا کوئی حصہ دوبارہ تیار، بازیافت کے نظام میں ذخیرہ، یا کسی بھی شکل میں یا کسی بھی طریقے سے منتقل نہیں کیا جا سکتا ہے — الیکٹرانک، مکینیکل، فوٹو کاپی، ریکارڈنگ، سکیننگ، یا کسی اور طرح سے — تنقیدی مضامین یا جائزوں میں شامل مختصر اقتباسات کی صورت میں۔

یہ کتاب غیر افسانوی اور عقیدتی افسانوں کا کام ہے۔ کچھ نام اور شناخت کی تفصیلات جہاں ضروری ہو پرائیویسی کے لیے تبدیل کر دی گئی ہیں۔

صحیفے کے اقتباسات اس سے لیے گئے ہیں:

- نیو لیونگ ٹرانسلیشن (NLT) , © 1996, 2004, 2015 by Tyndale House Foundation اجازت سے استعمال کیا جاتا ہے۔ جملہ حقوق محفوظ ہیں۔

جی ای ایم ٹیم کی طرف سے کور ڈیزائن

GEM ٹیم کی طرف سے اندرونی ترتیب

شائع شدہ بذریعہ:
Zacharias Godseagle & God's Eagle Ministries – GEM
www.otakada.org | ambassador@otakada.org

پہلا ایڈیشن، 2025
ریاستہائے متحدہ امریکہ میں مطبوعہ

5

کتاب کے بارے میں - اندھیرے سے ڈومینین تک

اندھیرے سے ڈومینین تک: اندھیرے کی چھپی ہوئی گرفت سے آزاد ہونے کے 40 دن - بیداری، نجات اور طاقت کا عالمی جذبہ - افراد خاندانوں اور قوموں کے لیے آزاد ہونے کے لیے تیار یہ صرف ایک عقیدت مند نہیں ہے - یہ صدور، وزرائے اعظم، پادریوں، چرچ کے کارکنوں، سی ای اوز، والدین، نوعمروں، اور ہر اس مومن کے لیے 40 دن کا عالمی نجات کا مقابلہ ہے جو خاموش شکست میں رہنے سے انکار کرتا ہے۔

یہ طاقتور 40 روزہ عقیدت روحانی جنگ، آبائی قربان گاہوں سے نجات، روح کے رشتوں کو توڑنے، جادو کی نمائش، اور سابق چڑیلوں، سابق شیطان پرستوں ، اور ان لوگوں کی عالمی شہادتوں سے خطاب کرتی ہے جنہوں نے اندھیرے کی طاقتوں پر قابو پالیا ہے۔

چاہے آپ کسی ملک کی قیادت کر رہے ہوں ، چرچ کا پادری کر رہے ہوں ، کوئی کاروبار چلا رہے ہوں ، یا نماز کی الماری میں اپنے خاندان کے لیے لڑ رہے ہوں ، یہ کتاب چھپی ہوئی چیزوں کو بے نقاب کرے گی، جس چیز کو نظر انداز کر دیا گیا ہے اس کا مقابلہ کرے گی، اور آپ کو آزاد ہونے کا اختیار دے گی۔

بیداری، نجات اور طاقت کی 40 روزہ عالمی عقیدت

ان صفحات کے اندر، آپ کو سامنا کرنا پڑے گا:

- خونی لعنتیں اور آبائی عہد
- ہیرا پھیری astral روح کی شریک حیات، سمندری اسپرٹ، اور فری میسنری، کبالہ، کنڈالینی بیداری، اور جادو ٹونے کی قربان گاہیں۔
- بچوں کی لگن، قبل از پیدائش کی شروعات، اور شیطانی پورٹر
- میڈیا کی در اندازی، جنسی صدمے، اور روح کے ٹکڑے
- اور جھوٹی بحالی کی تحریکیں، AI، خفیہ معاشرے، شیطانی

:ہر دن میں شامل ہیں
- **ایک حقیقی کہانی یا عالمی نمونہ**
- **صحیفے پر مبنی بصیرت**
- **گروپ اور ذاتی ایپلی کیشنز**
- **نجات کی دعا + عکاسی جریدہ**

:یہ کتاب آپ کے لیے ہے اگر آپ

- ایک **صدر یا پالیسی ساز** جو آپ کی قوم کے لیے روحانی وضاحت اور تحفظ کا خواہاں ہے۔
- ایک **پادری، شفاعت کرنے والا، یا چرچ کا کارکن** پوشیدہ قوتوں سے لڑ رہا ہے جو ترقی اور پاکیزگی کے خلاف مزاحمت کرتی ہے۔
- ایک **سی ای او یا کاروباری رہنما** جسے ناقابل وضاحت جنگ اور تخریب کاری کا سامنا ہے۔
- ایک **نوعمر یا طالب علم** جو خوابوں، اذیتوں، یا عجیب و غریب واقعات سے دوچار ہے۔
- والدین **یا دیکھ بھال کرنے والا** آپ کے خون کی لکیر میں روحانی نمونوں کو دیکھ رہا ہے۔
- ایک **مسیحی رہنما** بغیر کسی پیش رفت کے لامتناہی دعائیہ چکروں سے تھکا ہوا ہے۔
- یا محض ایک **مومن زندہ رہنے سے فاتحانہ بادشاہی کی طرف جانے کے لیے تیار ہے۔**

یہ کتاب کیوں؟

،کیونکہ ایک ایسے وقت میں جب تاریکی روشنی کا نقاب پہن لیتی ہے
نجات اب اختیاری نہیں رہی ۔
اور **طاقت باخبر، لیس اور ہتھیار ڈالنے والوں کی ہے ۔**

Zacharias Godseagle، **سفیر منڈے O. Ogbe**، اور **Comfort Ladi Ogbe** **کی تحریر کردہ** ، یہ صرف سکھانے سے زیادہ ہے — یہ چرچ، خاندان، اور اقوام کے لیے اٹھنے اور لڑنے کے لیے **عالمی سطح پر جاگنے کی کال ہے — خوف میں نہیں، بلکہ حکمت اور اختیار کے ساتھ ۔**

جس چیز کو آپ نے نہیں پہنچایا ہے اسے آپ شاگرد نہیں بنا سکتے۔ اور جب تک آپ اندھیرے کی گرفت سے آزاد نہ ہو جائیں آپ بادشاہی میں نہیں چل سکتے۔

چکروں کو توڑ دو۔ چھپے ہوئے کا مقابلہ کریں۔ اپنی تقدیر واپس لے لو ایک وقت میں ایک دن۔ ۔

بیک کور ٹیکسٹ

اندھیرے سے ڈومینین تک
دن تاریکی کی چھپی ہوئی گرفت سے آزاد ہونے کے لیے 40
بیداری، نجات اور طاقت کی عالمی عقیدت

کیا آپ ایک **صدر** ، ایک **پادری** ، **والدین** ، یا ایک **دعا کرنے والے مومن ہیں** — دیرپا آزادی اور پیش رفت کے لیے بے چین ہیں؟

یہ صرف ایک عقیدت نہیں ہے۔ یہ ایک 40 دن کا عالمی سفر ہے جو **،آبائی عہدوں، خفیہ بندھنوں، سمندری روحوں، روح کے ٹکڑے کرنے میڈیا کی دراندازی، اور بہت کچھ کے غیب جنگی میدانوں سے گزرتا ہے** ۔ ہر دن حقیقی شہادتوں، عالمی مظاہر، اور قابل عمل نجات کی حکمت عملیوں کو ظاہر کرتا ہے۔

:آپ بے نقاب کریں گے

- روحانی دروازے کیسے کھولے جاتے ہیں — اور انہیں کیسے بند کیا جائے۔
- بار بار کی تاخیر، عذاب اور غلامی کی پوشیدہ جڑیں۔
- طاقتور روزانہ دعائیں، عکاسی، اور گروپ ایپلی کیشنز
- کس طرح واک میں **ڈومینین** ، نہ صرف نجات

افریقہ میں **جادو ٹونے کی قربان گاہوں** سے لے کر شمالی امریکہ میں **نئے دور کے فریب تک... یورپ میں خفیہ معاشروں سے لے کر** لاطینی امریکہ میں **خون کے عہد تک ... یہ کتاب ان سب کو بے نقاب کرتی ہے** ۔

،ڈارکنیس ٹو ڈومینین آزادی کا آپ کا روڈ میپ ہے، جو **پادریوں، لیڈروں خاندانوں، نوعمروں، پیشہ ور افراد، سی ای اوز** ، اور ہر اس شخص کے لیے لکھا گیا ہے جو فتح کے بغیر جنگ کے ذریعے سائیکل چلا کر تھک چکے ہیں۔

جس چیز کو آپ نے نہیں پہنچایا ہے اسے آپ شاگرد نہیں بنا سکتے۔ اور" آپ اس وقت تک بادشاہی میں نہیں چل سکتے جب تک کہ آپ اندھیرے "کی گرفت سے آزاد نہ ہو جائیں۔

ایک پیراگراف میڈیا پرومو)پریس/ای (میل/ایڈ بلرب

اندھیرے سے ڈومینین: اندھیرے کی چھپی ہوئی گرفت سے آزاد ہونے کے 40 دن ایک عالمی عقیدت ہے جو اس بات کو بے نقاب کرتا ہے کہ دشمن کس طرح قربان گاہوں، خون کی لکیروں، خفیہ معاشروں، خفیہ رسومات اور روزمرہ کے سمجھوتوں کے ذریعے زندگیوں، خاندانوں اور قوموں میں دراندازی کرتا ہے۔ ہر براعظم کی کہانیوں اور جنگ سے آزمائشی نجات کی حکمت عملیوں کے ساتھ، یہ کتاب صدور اور پادریوں، سی ای اوز اور نوعمروں، گھریلو سازوں اور روحانی جنگجوؤں کے لیے ہے — جو بھی پائیدار آزادی کے لیے بے چین ہے۔ یہ صرف پڑھنے کے لیے نہیں ہے - یہ زنجیریں توڑنے کے لیے ہے۔

تجویز کردہ ٹیگز

- نجات عقیدت مند
- روحانی جنگ
- سابقہ خفیہ شہادتیں
- نماز اور روزہ
- نسلی لعنتوں کو توڑنا
- اندھیرے سے آزادی
- مسیحی روحانی اتھارٹی
- سمندری روحیں
- کنڈلنی دھوکہ
- خفیہ معاشروں کا پردہ فاش
- دن کی نجات 40

مہمات کے لیے ہیش ٹیگز #

#DarknessToDominion

#Deliverance Devotional

بریک دی چینز#

#Freedom ThroughChrist

#عالمی بیداری

#HiddenBattles Exposed

#PrayToBreakFree

#Spiritual WarfareBook

#DarknessToLight سے

#کنگڈم اتھارٹی

#No More Bondage

#ExOccultTestimonies

#کنڈالینی وارننگ

#MarineSpirits Exposed

#40DaysOf Freedom

لگن

— اُس کے لیے جس نے ہمیں تاریکی سے اپنی شاندار روشنی میں بلایا
یسوع مسیح ، ہمارا نجات دہندہ، روشنی بردار، اور جلال کا بادشاہ۔

خاموشی سے پکارنے والی ہر روح کے لیے — جو نظر نہ آنے والی زنجیروں میں پھنسے ہوئے، خوابوں سے پریشان، آوازوں سے اذیت میں مبتلا، اور ایسی جگہوں پر جہاں کوئی نہیں دیکھتا اندھیروں سے لڑ رہا ہے — یہ سفر آپ کے لیے ہے۔

، **پادریوں** ، **سفارشیوں** ، اور **دیوار پر چوکیداروں** کو
ان **ماؤں کو** جو رات بھر نماز پڑھتے ہیں، اور ان **باپوں کو** جو ہار ماننے سے انکار کرتے ہیں،
اس **نوجوان لڑکے کو** جو بہت زیادہ دیکھتا ہے، اور **چھوٹی لڑکی کو** جو بہت جلد برائی سے نشان زد ہوتی ہے،
سی ای اوز ، **صدور** ، اور **فیصلہ سازوں** کو جو عوامی طاقت کے پیچھے پوشیدہ وزن اٹھاتے ہیں،
چرچ اور خفیہ کام کرنے **والوں** کو - جو واپس لڑنے کی ہمت کرتا ہے
—
یہ آپ کا اٹھنے کی کال ہے۔

اور ان بہادروں کے لیے جنہوں نے اپنی کہانیاں شیئر کیں — شکریہ۔ آپ کے نشانات اب دوسروں کو آزاد کر دیتے ہیں۔

خدا کرے کہ یہ عقیدتی روشنی سائے سے گزر کر بہت سے لوگوں کو بادشاہی، شفا یابی اور مقدس آگ میں لے جائے۔
آپ بھولے نہیں ہیں۔ تم بے اختیار نہیں ہو تم آزادی کے لیے پیدا ہوئے ہو۔

— Zacharias Godseagle، سفیر پیر O. Ogbe & Comfort Ladi Ogbe

اعترافات

سب سے پہلے اور سب سے اہم بات، ہم **خداتعالیٰ کو تسلیم کرتے ہیں** — **باپ، بیٹا، اور روح القدس** ، روشنی اور سچائی کا مصنف، جس نے بند دروازوں، پردوں، منبروں اور چبوتروں کے پیچھے اندیکھی لڑائیوں کے لیے ہماری آنکھیں کھولیں۔ یسوع مسیح کو، ہمارے نجات دہندہ اور بادشاہ، ہم تمام جلال دیتے ہیں۔

دنیا بھر کے ان بہادر مردوں اور عورتوں کے لیے جنہوں نے عذاب، فتح اور تبدیلی کی اپنی کہانیاں شیئر کیں — آپ کی ہمت نے آزادی کی عالمی لہر کو بھڑکا دیا ہے۔ خاموشی توڑنے کا شکریہ۔

وزارتوں اور دیوار پر موجود چوکیداروں کو جنہوں نے پوشیدہ جگہوں پر کام کیا ہے - تعلیم، شفاعت، فراہمی، اور سمجھدار - ہم آپ کی استقامت کا احترام کرتے ہیں۔ آپ کی فرمانبرداری مضبوط قلعوں کو پھاڑ دیتی ہے اور اونچی جگہوں پر دھوکہ دہی کو بے نقاب کرتی ہے۔

ہمارے خاندانوں، دعائیہ شراکت داروں، اور معاون ٹیموں کے لیے جو ہمارے ساتھ کھڑے تھے جب کہ ہم نے سچائی کو آشکار کرنے کے لیے روحانی ملبے کو کھود لیا — آپ کے اٹل ایمان اور صبر کے لیے آپ کا شکریہ۔

محققین، یوٹیوب کی شہادتوں، سیٹی بلورز، اور بادشاہی جنگجوؤں کے لیے جو اپنے پلیٹ فارمز کے ذریعے تاریکی کو بے نقاب کرتے ہیں — آپ کی دلیری نے اس کام کو بصیرت، انکشاف اور عجلت سے بھر دیا ہے۔

،**مسیح کے جسم** کے لیے : یہ کتاب بھی آپ کی ہے۔ یہ آپ میں چوکس سمجھدار اور بے خوف رہنے کا ایک مقدس عزم بیدار کرے۔ ہم ماہرین کے طور پر نہیں بلکہ گواہ کے طور پر لکھتے ہیں۔ ہم ججوں کے طور پر نہیں بلکہ ان لوگوں کے طور پر کھڑے ہیں جو چھڑائے گئے ہیں۔

،اور آخر میں، **اس عقیدت کے قارئین کے لیے** — متلاشیوں، جنگجوؤں پادریوں، نجات کے وزیروں، زندہ بچ جانے والوں، اور ہر قوم سے

سچائی سے محبت کرنے والوں کے لیے — ہر صفحہ آپ کو آگے بڑھنے کی طاقت **دے اندھیرے سے** بادشاہی

— Zacharias Godseagle

— سفیر پیر O. Ogbe— Comfort Ladi Ogbe

قاری کے لیے

یہ صرف ایک کتاب نہیں ہے۔ یہ ایک کال ہے۔

طویل عرصے سے چھپی ہوئی چیزوں کو بے نقاب کرنے کے لیے ایک کال — نسلوں، نظاموں اور روحوں کو تشکیل دینے والی غیر مرئی ، قوتوں کا مقابلہ کرنے کے لیے۔ چاہے آپ ایک **نوجوان متلاشی ہوں** ، ایک **پادری جس کا آپ نام نہیں لے سکتے لڑائیوں میں پہنا ہوا ہے** ایک **کاروباری** رہنما **جو رات کی دہشت سے** لڑ رہا ہے ، یا **ریاست کا سربراہ جو بے لگام قومی تاریکی کا سامنا کر رہا ہے** ، یہ عقیدت آپ کے **سائے سے باہر نکلنے کا رہنما ہے** ۔

فرد کے لیے : تم پاگل نہیں ہو۔ آپ جو محسوس کرتے ہیں - آپ کے خوابوں میں، آپ کے ماحول میں، آپ کے خون کی لکیر میں - واقعی روحانی ہو سکتا ہے۔ خدا صرف شفا دینے والا نہیں ہے۔ وہ نجات دہندہ ہے۔

خاندان کے لیے : یہ 40 دن کا سفر آپ کو ان نمونوں کی نشاندہی کرنے میں مدد کرے گا جنہوں نے آپ کے خون کی لکیر کو طویل عرصے سے اذیت دی ہے — لتیں، بے وقت اموات، طلاقیں، بانجھ پن، ذہنی اذیت، اچانک غربت — اور انہیں توڑنے کے لیے اوزار فراہم کریں۔

چرچ کے رہنماؤں **اور پادریوں** کے لیے : اس سے منبر سے روحانی دائرے کا مقابلہ کرنے کے لیے ایک گہری سمجھ اور ہمت بیدار ہو جائے، نہ کہ منبر سے۔ نجات اختیاری نہیں ہے۔ یہ عظیم کمیشن کا حصہ ہے۔

سی ای اوز، کاروباری افراد اور پیشہ ور افراد کے لیے : روحانی عہد بورڈ رومز میں بھی کام کرتے ہیں۔ اپنا کاروبار اللہ کے لیے وقف کر دیں۔ کاروباری قسمت، خون کے معاہدوں، یا فری میسن کی حمایت کے بھیس میں آبائی قربان گاہوں کو پھاڑ دیں۔ صاف ہاتھوں سے تعمیر کریں۔

چوکیداروں اور سفارشیوں سے : آپ کی چوکسی رائیگاں نہیں گئی۔ یہ ،وسائل آپ کے ہاتھ میں ایک ہتھیار ہے — آپ کے شہر، آپ کے علاقے آپ کی قوم کے لیے۔

صدور اور وزرائے اعظم کے لیے ، اگر یہ کبھی آپ کی میز تک پہنچ جائے: قومیں صرف پالیسیوں سے نہیں چلتی ہیں۔ ان پر قربان گاہوں کی حکمرانی ہوتی ہے - خفیہ یا عوامی سطح پر اٹھائے جاتے ہیں۔ جب تک پوشیدہ بنیادوں کا سدباب نہیں کیا جاتا، امن ناپید رہے گا۔ یہ عقیدت آپ کو نسل در نسل اصلاح کی طرف مائل کرے۔

مایوسی کے ایک لمحے میں یہ پڑھنے والے **نوجوان مرد یا عورت** کے لیے : خدا آپ کو دیکھ رہا ہے۔ اس نے آپ کو منتخب کیا۔ اور وہ آپ کو باہر نکال رہا ہے - اچھے کے لیے۔

یہ آپ کا سفر ہے۔ ایک وقت میں ایک دن۔ ایک وقت میں ایک سلسلہ۔

اندھیرے سے ڈومینین تک - یہ آپ کا وقت ہے۔

اس کتاب کو کیسے استعمال کیا جائے۔

اندھیرے سے ڈومینین تک: اندھیرے کی چھپی ہوئی گرفت سے آزاد ہونے کے 40 دن ایک عقیدت سے زیادہ ہیں - یہ ایک نجات دستی، ایک اور ایک جنگی بوٹ کیمپ ہے۔ چاہے آپ اکیلے پڑھ detox، روحانی رہے ہوں، کسی گروپ کے ساتھ، گرجا گھر میں، یا دوسروں کی رہنمائی کرنے والے رہنما کے طور پر، اس طاقتور 40 دن کے سفر سے زیادہ سے زیادہ فائدہ اٹھانے کا طریقہ یہاں ہے:

روزانہ تال

ہر دن آپ کو روح، روح اور جسم کو مشغول کرنے میں مدد کرنے کے لیے ایک مستقل ڈھانچے کی پیروی کرتا ہے:

- **مرکزی عقیدت کی تعلیم** - ایک انکشافی تھیم جو چھپی ہوئی تاریکی کو بے نقاب کرتا ہے۔
- **عالمی سیاق و سباق** - یہ گڑھ پوری دنیا میں کیسے ظاہر ہوتا ہے۔
- **حقیقی زندگی کی کہانیاں** - مختلف ثقافتوں سے حقیقی نجات کا سامنا۔
- **ایکشن پلان** - ذاتی روحانی مشقیں، ترک کرنا، یا اعلانات۔
- **،گروپ ایپلی کیشن** - چھوٹے گروپوں، خاندانوں، گرجا گھروں یا نجات کی ٹیموں میں استعمال کے لیے۔
- **کلیدی بصیرت** - یاد رکھنے اور اس میں دعا کرنے کے لیے ایک کشید ٹیک وے۔
- **ریفلیکشن جرنل** – ہر سچائی کو گہرائی سے پروسیس کرنے کے لیے دل کے سوالات۔
- **نجات کی دعا** - مضبوط قلعوں کو توڑنے کے لیے ہدف شدہ روحانی جنگ کی دعا۔

آپ کو کیا ضرورت ہو گی۔

- آپ کی **بائبل**
- ایک **وقف شدہ جریدہ یا نوٹ بک**
- **مسح کرنے والا تیل** (اختیاری لیکن نماز کے دوران طاقتور)

- روح کی رہنمائی کے طور پر **روزہ رکھنے اور دعا کرنے کی** خواہش
- گہرے معاملات کے لیے **احتسابی پارٹنر یا دعا کرنے والی ٹیم**

گروپس یا گرجا گھروں کے ساتھ کیسے استعمال کریں۔

- بصیرت پر تبادلہ خیال کرنے اور ایک ساتھ نماز کی امامت کرنے کے لیے **روزانہ یا ہفتہ وار** ملیں ۔
- ممبران کی حوصلہ افزائی کریں کہ وہ گروپ سیشن سے پہلے **ریفلیکشن جرنل مکمل کریں۔**
- بحث، اعتراف، یا کارپوریٹ نجات کے لمحات کو جنم دینے کے لیے **گروپ ایپلیکیشن سیکشن کا** استعمال کریں ۔
- زیادہ شدید اظہارات کو سنبھالنے کے لیے تربیت یافتہ رہنماؤں کو نامزد کریں۔

پادریوں، رہنماؤں، اور نجات کے وزراء کے لیے

- منبر سے یا نجات کے تربیتی اسکولوں میں روزانہ کے موضوعات پڑھائیں۔
- اپنی ٹیم کو اس عقیدت کو بطور مشاورتی رہنما استعمال کرنے کے لیے تیار کریں۔
- روحانی نقشہ سازی، بحالی کی میٹنگز، یا شہر کی دعائیہ مہمات کے لیے ضرورت کے مطابق حصوں کو حسب ضرورت بنائیں۔

ایکسپلور کرنے کے لیے ضمیمہ

:کتاب کے آخر میں، آپ کو طاقتور بونس وسائل ملیں گے، بشمول

1. **کل نجات کا روزانہ اعلان** – ہر صبح اور رات اسے بلند آواز سے بولیں۔
2. **میڈیا ترک کرنے کا گائیڈ** - اپنی زندگی کو تفریح میں روحانی آلودگی سے پاک کریں۔
3. - **گرجا گھروں میں پوشیدہ قربان گاہوں کو جاننے کے لیے دعا** شفاعت کرنے والوں اور چرچ کے کارکنوں کے لیے۔
4. **فری میسنری، کبالہ، کنڈالینی اور خفیہ اسکرپٹ** - طاقتور توبہ کی دعائیں۔

5. ماس ڈیلیورینس چیک لسٹ - صلیبی جنگوں، ہاؤس فیلو شپس یا ذاتی اعتکاف میں استعمال کریں۔
6. گواہی کے ویڈیو لنکس

دیباچہ

مردوں، عورتوں، بچوں، خاندانوں، برادریوں اور قوموں کی روحوں پر ایک جنگ ہے جو نظر نہ آنے والی، نہ کہی گئی، لیکن انتہائی حقیقی ہے۔

یہ کتاب تھیوری سے نہیں بلکہ آگ سے پیدا ہوئی ہے۔ روتے ہوئے نجات کے کمروں سے۔ شہادتوں سے سائے میں سرگوشی اور چھتوں سے چلایا۔ گہرے مطالعہ سے، عالمی شفاعت، اور سطحی عیسائیت کے ساتھ ایک مقدس مایوسی جو ابھی تک مومنوں کو الجھا رہی **تاریکی کی جڑوں سے نمٹنے میں ناکام ہے۔**

بہت سارے لوگ صلیب پر آ چکے ہیں لیکن پھر بھی زنجیریں گھسیٹ رہے ہیں۔ بہت سارے پادری آزادی کی تبلیغ کر رہے ہیں جبکہ خفیہ طور پر ہوس، خوف، یا آبائی عہدوں کے شیطانوں سے عذاب میں مبتلا ہیں۔ بہت سارے خاندان غربت، کج روی، لت، بانجھ پن، شرم کے چکروں میں ،پھنسے ہوئے ہیں اور **پتہ نہیں کیوں** ۔ اور بہت سارے گرجا گھر شیاطین جادو ٹونے، خون کی قربان گاہوں، یا نجات کے بارے میں بات کرنے سے گریز کرتے ہیں کیونکہ یہ "بہت شدید" ہے۔

لیکن یسوع نے اندھیرے سے گریز نہیں کیا ۔ اس نے **اس کا سامنا کیا ۔**
اس نے بدروحوں کو نظر انداز نہیں کیا ۔ اس نے **انہیں نکال دیا ۔**
اور وہ صرف آپ کو معاف کرنے کے لیے نہیں مرا ۔ وہ **آپ کو آزاد کرنے کے لیے مرا ۔**

یہ 40 روزہ عالمی عقیدت کوئی معمولی بائبل مطالعہ نہیں ہے۔ یہ ایک **روحانی آپریشن روم ہے** ۔ آزادی کا جریدہ۔ ان لوگوں کے لیے جہنم سے باہر کا نقشہ جو نجات اور حقیقی آزادی کے درمیان پھنسے ہوئے محسوس کرتے ہیں۔ چاہے آپ فحش نگاری میں جکڑے ہوئے نوعمر ہوں، سانپوں کے خوابوں سے دوچار خاتون اول، آبائی جرم میں مبتلا وزیراعظم، خفیہ غلامی کو چھپانے والا نبی، یا شیطانی خوابوں سے بیدار ہونے والا بچہ — یہ سفر آپ کے لیے ہے۔

آپ کو دنیا بھر سے کہانیاں ملیں گی — افریقہ، ایشیا، یورپ، شمالی اور جنوبی امریکہ — سبھی ایک سچ کی تصدیق کرتی ہیں: **شیطان انسانوں**

کا احترام کرنے والا نہیں ہے ۔ لیکن خدا بھی نہیں ہے۔ اور جو کچھ اس نے دوسروں کے لیے کیا ہے وہ آپ کے لیے بھی کر سکتا ہے۔

یہ کتاب ان کے لیے لکھی گئی ہے:

- ذاتی نجات کے خواہاں **افراد**
- **جن خاندانوں کو** نسلی علاج کی ضرورت ہے۔
- **پادریوں** اور چرچ کے کارکنوں کو سامان کی ضرورت ہے۔
- **کاروباری رہنما** اعلی مقامات پر روحانی جنگ میں تشریف لے جاتے ہیں۔
- **قومیں** حقیقی حیات نو کے لیے پکار رہی ہیں۔
- **وہ نوجوان** جو انجانے میں دروازے کھول چکے ہیں۔
- **ڈیلیورینس منسٹرز** جنہیں ڈھانچہ اور حکمت عملی کی ضرورت ہے۔
- اور **وہ بھی جو شیطانوں پر یقین نہیں رکھتے** ۔ جب تک کہ وہ ان صفحات پر اپنی کہانی نہ پڑھیں

آپ کو کھینچا جائے گا۔ آپ کو چیلنج کیا جائے گا۔ لیکن اگر آپ راستے پر رہیں گے تو آپ بھی **بدل جائیں گے** ۔

آپ صرف آزاد نہیں ہونے جا رہے ہیں۔
آپ **ڈومینین میں چلنے جا رہے ہیں** ۔

آئیے شروع کرتے ہیں۔

— Zacharias Godseagle، سفیر پیر O. Ogbe، اور Comfort Ladi Ogbe

پیش لفظ

قوموں میں ہلچل مچی ہوئی ہے۔ روح کے دائرے میں ہلچل۔ منبروں سے لے کر پارلیمانوں تک، رہنے کے کمروں سے زیر زمین گرجا گھروں تک، ہر جگہ لوگ ایک سرد سچائی کے لیے بیدار ہو رہے ہیں: ہم نے دشمن کی پہنچ کو کم سمجھا ہے — اور ہم نے اس اختیار کو غلط سمجھا ہے جسے ہم مسیح میں رکھتے ہیں۔

اندھیرے سے ڈومینین تک صرف ایک عقیدت نہیں ہے۔ یہ ایک کلریئن کال ہے۔ ایک پیشن گوئی کتابچہ۔ عذاب زدہ، پابند سلاسل اور مخلص مومن کے لیے ایک لائف لائن یہ سوچتے ہوئے کہ "میں ابھی تک "زنجیروں میں کیوں ہوں؟

کسی ایسے شخص کے طور پر جس نے قوموں میں حیات نو اور نجات کا مشاہدہ کیا ہے، میں خود جانتا ہوں کہ چرچ کے پاس علم کی کمی نہیں ہے - ہمارے پاس روحانی **بیداری** ، **دلیری** اور **نظم و ضبط کی کمی ہے** - ،یہ کام اس فرق کو ختم کرتا ہے۔ یہ 40 دن کے سفر میں عالمی شہادتوں سخت مارنے والی سچائی، عملی کارروائی، اور صلیب کی طاقت کو ایک ساتھ باندھتا ہے جو ڈھول سے بھری غیر فعال زندگیوں کو ہلا کر رکھ دے گا اور تھکے ہوئے لوگوں میں آگ بھڑکا دے گا۔

،پادری کے لیے جو قربان گاہوں کا مقابلہ کرنے کی ہمت کرتا ہے خاموشی سے شیطانی خوابوں سے لڑنے والے نوجوان بالغ کے لیے، ان دیکھے عہدوں میں الجھے ہوئے کاروباری مالک کے لیے، اور اس رہنما کے لیے جو جانتا ہے کہ کچھ روحانی طور پر غلط ہے لیکن اس کا نام نہیں لے سکتا — یہ کتاب آپ کے لیے ہے۔

میں آپ سے گزارش کرتا ہوں کہ اسے غیر فعال طور پر نہ پڑھیں۔ ہر صفحہ کو آپ کی روح کو مشتعل کرنے دیں۔ ہر کہانی کو جنم دینے دو۔ ہر اعلان کو اپنے منہ کو آگ سے بولنے کی تربیت دیں۔ اور جب آپ ان - دنوں سے گزر چکے ہیں، تو صرف اپنی آزادی کا جشن نہ منائیں 40 دوسروں کی آزادی کے لیے ایک برتن بنیں۔

...کیونکہ حقیقی تسلط صرف اندھیرے سے بچنا ہی نہیں ہے
یہ گھومنا اور دوسروں کو روشنی میں گھسیٹنا ہے۔

مسیح کے اختیار اور طاقت میں،

سفیر اوگبے

تعارف

اندھیرے سے ڈومینین تک: اندھیرے کی چھپی ہوئی گرفت سے آزاد ہونے کے 40 دن صرف ایک اور عقیدت نہیں ہے - یہ ایک عالمی بیداری کی کال ہے۔

پوری دنیا میں—دیہی دیہات سے لے کر صدارتی محلوں تک، چرچ کی قربان گاہوں سے لے کر بورڈ رومز تک—مرد اور عورتیں آزادی کے لیے پکار رہے ہیں۔ نہ صرف نجات۔ **نجات۔ وضاحت۔ پیش رفت۔ مکملیت۔ امن۔ طاقت**۔

لیکن یہاں سچائی ہے: آپ جو برداشت کرتے ہیں اسے باہر نہیں نکال سکتے۔ آپ اس سے آزاد نہیں ہوسکتے جو آپ نہیں دیکھ سکتے۔ یہ کتاب اس اندھیرے میں تمہاری روشنی ہے۔

دنوں تک، آپ تعلیمات، کہانیوں، شہادتوں، اور حکمت عملی کے 40 اقدامات سے گزریں گے جو اندھیرے کے چھپے ہوئے کاموں کو بے نقاب کرتے ہیں اور آپ کو روح، روح اور جسم پر قابو پانے کی طاقت دیتے ہیں۔

چاہے آپ پادری، سی ای او، مشنری، شفاعت کرنے والے، نوعمر، ماں یا ریاست کے سربراہ ہوں، اس کتاب کا مواد آپ کے سامنے آئے گا۔ آپ کو شرمندہ کرنے کے لیے نہیں — بلکہ آپ کو آزاد کرنے اور دوسروں کو آزادی کی طرف لے جانے کے لیے آپ کو تیار کرنے کے لیے۔

یہ بیداری، نجات، اور طاقت کی ایک عالمی عقیدت ہے — جو صحیفے میں جڑی ہوئی، حقیقی زندگی کے اکاؤنٹس سے تیز، اور یسوع کے خون میں بھیگ گئی ہے۔

اس عقیدت کا استعمال کیسے کریں۔

1. بنیادی ابواب کے ساتھ شروع کریں 5
یہ ابواب بنیاد رکھتے ہیں۔ انہیں مت چھوڑیں۔ وہ آپ کو تاریکی کے روحانی فن تعمیر کو سمجھنے میں مدد کریں گے اور آپ کو اس سے اوپر اٹھنے کا اختیار دیا گیا ہے۔

2. **ہر دن جان بوجھ کر چلیں**
ہر روز کے اندراج میں ایک فوکس تھیم، عالمی اظہار، ایک حقیقی کہانی، صحیفے، ایک ایکشن پلان، گروپ ایپلیکیشن آئیڈیاز، کلیدی بصیرت، جریدے کے اشارے، اور ایک طاقتور دعا شامل ہوتی ہے۔

3. °اس کتاب کے آخر میں پائے جانے والے روزانہ **360 ڈیکلریشن کے ساتھ ہر دن بند کریں ، یہ طاقتور اعلان آپ کی آزادی کو تقویت دینے اور آپ کے روحانی دروازوں کو بچانے کے لیے ڈیزائن کیا گیا ہے۔**

4. **اسے اکیلے یا گروپس میں استعمال کریں**
چاہے آپ اس سے انفرادی طور پر گزر رہے ہوں یا گروپ میں، ہوم فیلوشپ، شفاعت کی ٹیم، یا نجات کی وزارت — روح القدس کو رفتار کی رہنمائی کرنے اور جنگ کے منصوبے کو ذاتی نوعیت دینے کی اجازت دیں۔

5. **اپوزیشن کی توقع کریں — اور بریک تھرو**
مزاحمت آئے گی۔ لیکن آزادی بھی اسی طرح ہوگی۔ نجات ایک عمل ہے، اور یسوع اسے آپ کے ساتھ چلنے کے لیے پرعزم ہے۔

بنیادی ابواب (پہلے دن سے پہلے پڑھیں)

1. تاریک بادشاہی کی ابتدا

لوسیفر کی بغاوت سے لے کر شیطانی درجہ بندی اور علاقائی روحوں کے ظہور تک، یہ باب تاریکی کی بائبلی اور روحانی تاریخ کا سراغ لگاتا ہے۔ یہ سمجھنا کہ یہ کہاں سے شروع ہوا آپ کو یہ پہچاننے میں مدد ملتی ہے کہ یہ کیسے کام کرتا ہے۔

2. ڈارک کنگڈم آج کیسے کام کرتی ہے۔

معاہدوں اور خون کی قربانیوں سے لے کر قربان گاہوں، سمندری روحوں، اور تکنیکی دراندازی تک، یہ باب قدیم روحوں کے جدید چہروں سے پردہ اٹھاتا ہے — جس میں میڈیا، رجحانات، اور یہاں تک کہ مذہب کیسے چھلاوے کے طور پر کام کر سکتا ہے۔

انٹری پوائنٹس: لوگ کس طرح جھک جاتے ہیں۔ .3

کوئی بھی اتفاقاً غلامی میں پیدا نہیں ہوتا۔ یہ باب صدمے، آبائی قربان گاہوں، جادو ٹونے کی نمائش، روح کے تعلقات، خفیہ تجسس، فری میسنری، جھوٹی روحانیت، اور ثقافتی طریقوں جیسے دروازوں کی جانچ کرتا ہے۔

مظاہر: قبضے سے جنون تک .4

غلامی کیسی نظر آتی ہے؟ ڈراؤنے خوابوں سے ازدواجی تاخیر، بانجھ پن، لت، غصہ، اور یہاں تک کہ "مقدس ہنسی" تک، یہ باب ظاہر کرتا ہے کہ شیاطین کس طرح اپنے آپ کو مسائل، تحائف یا شخصیت کے روپ میں ڈھالتے ہیں۔

کلام کی طاقت: اہل ایمان کا اختیار .5

اس سے پہلے کہ ہم 40 دن کی جنگ شروع کریں، آپ کو مسیح میں اپنے قانونی حقوق کو سمجھنا چاہیے۔ یہ باب آپ کو روحانی قوانین، جنگ کے ہتھیاروں، صحیفائی پروٹوکول، اور نجات کی زبان سے مسلح کرتا ہے۔

آپ کے شروع کرنے سے پہلے ایک آخری حوصلہ افزائی

خدا آپ کو اندھیرے پر قابو پانے کے لیے نہیں بلا رہا ہے ۔
وہ آپ کو اس پر **غلبہ حاصل کرنے کے لیے بلا رہا ہے** ۔
طاقت سے نہیں، طاقت سے نہیں، بلکہ اس کی روح سے۔

یہ اگلے 40 دن عقیدت سے زیادہ ہونے دیں۔
اسے ہر ایک قربان گاہ کا جنازہ بننے دیں جس نے کبھی آپ کو کنٹرول کیا تھا... اور اس تقدیر میں تاجپوشی جو خدا نے آپ کے لیے مقرر کی تھی۔

آپ کے اقتدار کا سفر اب شروع ہوتا ہے۔

باب 1 :تاریک بادشاہی کی ابتدا

کیونکہ ہم گوشت اور خون کے خلاف نہیں بلکہ بادشاہتوں، طاقتوں، اس" دنیا کے اندھیرے کے حکمرانوں، اعلیٰ مقامات پر روحانی شرارت کے خلاف لڑتے ہیں۔" —افسیوں 6:12

انسانیت کے وقت کے مرحلے پر قدم رکھنے سے بہت پہلے، آسمانوں میں ایک پوشیدہ جنگ چھڑ گئی۔ یہ تلواروں یا بندوقوں کی جنگ نہیں تھی، بلکہ بغاوت کی تھی – اعلیٰ ترین خدا کے تقدس اور اختیار کے خلاف ایک اعلیٰ غداری۔ بائبل اس راز کو مختلف اقتباسات کے ذریعے کھولتی ہے جو خدا کے سب سے خوبصورت فرشتوں میں سے ایک کے زوال کی طرف اشارہ کرتی ہے — **لوسیفر** ، چمکنے والا — جس نے ،خود کو خدا کے تخت سے بلند کرنے کی ہمت کی (اشعیا 14:12-15 حزقی ایل 28:12-17)۔

اس کائناتی بغاوت نے **تاریک بادشاہی کو جنم دیا** - روحانی مزاحمت اور ،دھوکہ دہی کا ایک دائرہ، جو گرے ہوئے فرشتوں (اب شیاطین) بادشاہتوں، اور خدا کی مرضی اور خدا کے لوگوں کے خلاف منسلک طاقتوں سے بنا ہے۔

اندھیرے کا زوال اور تشکیل

لوسیفر ہمیشہ برا نہیں تھا۔ وہ حکمت اور خوبصورتی میں کامل پیدا کیا گیا تھا۔ لیکن غرور اس کے دل میں داخل ہو گیا اور غرور بغاوت بن گیا۔ اس نے آسمان کے فرشتوں کے ایک تہائی کو اس کی پیروی کرنے کے لیے دھوکہ دیا (مکاشفہ 12:4)، اور انہیں آسمان سے باہر پھینک دیا گیا۔ انسانیت کے تئیں ان کی نفرت کی جڑ حسد ہے — کیونکہ بنی نوع انسان کو خُدا کی صورت پر تخلیق کیا گیا تھا اور اُسے بادشاہی دی گئی تھی۔

روشنی کی بادشاہی اور **تاریکی کی بادشاہی** کے درمیان جنگ شروع ہوئی — ایک ان دیکھی کشمکش جو ہر روح، ہر گھر اور ہر قوم کو چھوتی ہے۔

تاریک بادشاہی کا عالمی اظہار

اگرچہ پوشیدہ ہے، اس تاریک بادشاہی کا اثر بہت گہرا ہے:

- **ثقافتی روایات** (آبائی عبادت، خون کی قربانیاں، خفیہ معاشرے)
- **تفریح** (عظیم پیغام رسانی، خفیہ موسیقی اور شوز)
- **گورننس** (کرپشن، خون کے معاہدے، حلف)
- **ٹکنالوجی** (نشے، کنٹرول، دماغ کی ہیرا پھیری کے اوزار)
- **تعلیم** (انسانیت، رشتہ داری، جھوٹی روشن خیالی)

افریقی جوجو سے لے کر مغربی نئے دور کے تصوف تک، مشرق وسطیٰ کے جنوں کی عبادت سے لے کر جنوبی امریکی شمن ازم تک، شکلیں مختلف ہیں لیکن روح ایک ہی ہے — دھوکہ دہی، تسلط اور تباہی۔

یہ کتاب اب کیوں اہمیت رکھتی ہے۔

شیطان کی سب سے بڑی چال لوگوں کو یقین دلانا ہے کہ وہ موجود نہیں ہے ۔ یا اس سے بھی بدتر یہ کہ اس کے طریقے بے ضرر ہیں۔

یہ عقیدت ایک **روحانی ذہانت کا دستورالعمل ہے** ۔ پردہ اٹھانا، اس کی اسکیموں کو بے نقاب کرنا، اور براعظموں میں مومنین کو بااختیار بنانا:

- انٹری پوائنٹس کو پہچانیں ۔
- پوشیدہ معاہدوں کو **ترک کر دیں** ۔
- اختیار کے ساتھ **مزاحمت کریں۔**
- جو چوری کیا گیا تھا اسے واپس کریں ۔

آپ ایک جنگ میں پیدا ہوئے تھے۔

بیہوش دلوں کے لیے یہ عقیدت نہیں ہے۔ آپ میدان جنگ میں پیدا ہوئے، کھیل کے میدان میں نہیں۔ لیکن اچھی خبر یہ ہے: **یسوع پہلے ہی جنگ جیت چکے ہیں!**

"اُس نے حکمرانوں اور حکام کو غیر مسلح کیا اور اُن پر فتح حاصل کرکے اُن کو کھلی شرمندگی میں ڈال دیا۔" —کلسیوں 2:15

آپ شکار نہیں ہیں۔ آپ مسیح کے ذریعے ایک فاتح سے زیادہ ہیں۔ آئیے اندھیرے کو بے نقاب کریں — اور دلیری سے روشنی میں چلیں۔

کلیدی بصیرت

تاریکی کی اصل فخر، بغاوت، اور خدا کی حکمرانی کو مسترد کرنا ہے۔ یہی بیج آج بھی لوگوں اور نظاموں کے دلوں میں کار فرما ہیں۔ روحانی جنگ کو سمجھنے کے لیے، ہمیں پہلے یہ سمجھنا چاہیے کہ بغاوت کیسے شروع ہوئی۔

عکاسی جرنل

- کیا میں نے روحانی جنگ کو توہم پرستی کے طور پر مسترد کر دیا ہے؟
- میں نے کن ثقافتی یا خاندانی طریقوں کو معمول بنایا ہے جو قدیم بغاوت سے منسلک ہو سکتے ہیں؟
- کیا میں واقعی اس جنگ کو سمجھتا ہوں جس میں میں پیدا ہوا تھا؟

روشنی کی دعا

آسمانی باپ، میرے اردگرد اور میرے اندر بغاوت کی پوشیدہ جڑیں مجھ پر ظاہر کریں۔ اندھیروں کے جھوٹ کو بے نقاب کرو جو میں نے انجانے میں گلے لگایا ہو گا۔ تیری سچائی کو ہر سایہ دار جگہ پر چمکنے دو۔ میں روشنی کی بادشاہی کا انتخاب کرتا ہوں۔ میں سچائی، طاقت اور آزادی میں چلنے کا انتخاب کرتا ہوں۔ یسوع کے نام پر۔ آمین۔

باب 2: اندھیرے کی بادشاہی آج کیسے کام کرتی ہے۔

”ایسا نہ ہو کہ شیطان ہم سے فائدہ اٹھا لے کیونکہ ہم اُس کی چالوں سے بے خبر نہیں ہیں۔“ —2 کرنتھیوں 2:11

تاریکی کی بادشاہی بے ترتیبی سے نہیں چلتی۔ یہ ایک اچھی طرح سے منظم، گہری تہوں والا روحانی ڈھانچہ ہے جو فوجی حکمت عملی کا آئینہ دار ہے۔ اس کا مقصد: دراندازی، جوڑ توڑ، کنٹرول، اور بالآخر تباہ۔ ،جس طرح خُدا کی بادشاہی کا درجہ اور ترتیب ہے (رسولوں، نبیوں ،وغیرہ)، اسی طرح تاریکی کی بادشاہی بھی ہوتی ہے — سلطنتوں طاقتوں، تاریکی کے حکمرانوں، اور اعلیٰ مقامات پر روحانی شرارت کے ساتھ (افسیوں 6:12)۔

تاریک بادشاہی کوئی افسانہ نہیں ہے۔ یہ لوک داستان یا مذہبی توہم پرستی نہیں ہے۔ یہ روحانی ایجنٹوں کا ایک غیر مرئی لیکن حقیقی نیٹ ورک ہے جو شیطان کے ایجنڈے کو پورا کرنے کے لیے نظاموں، لوگوں اور یہاں تک کہ گرجا گھروں میں بھی جوڑ توڑ کرتا ہے۔ جب کہ بہت سے لوگ پچ فورک اور سرخ سینگوں کا تصور کرتے ہیں، اس بادشاہی کا حقیقی عمل کہیں زیادہ لطیف، منظم اور خطرناک ہے۔

فریب ان کی کرنسی ہے۔ .1

دشمن جھوٹ کا کاروبار کرتا ہے۔ باغِ عدن (پیدائش 3) سے لے کر موجودہ دور کے فلسفوں تک، شیطان کے حربے ہمیشہ خدا کے کلام میں شک پیدا کرنے کے گرد گھومتے رہے ہیں۔ آج، دھوکہ دہی کی شکل میں :ظاہر ہوتا ہے

- نئے دور کی تعلیمات روشن خیالی کے بھیس میں
- ثقافتی فخر کے طور پر چھپے ہوئے خفیہ طریقے
- جادوگرنی موسیقی، فلموں، کارٹونز، اور سوشل میڈیا کے رجحانات میں مسحور کن ہے۔

لوگ غیر دانستہ طور پر رسومات میں حصہ لیتے ہیں یا میڈیا کا استعمال
کرتے ہیں جو بغیر سمجھ بوجھ کے روحانی دروازے کھولتے ہیں۔

2. برائی کا درجہ بندی کا ڈھانچہ

جس طرح خدا کی بادشاہی کا حکم ہے، اسی طرح تاریک بادشاہی ایک
متعین درجہ بندی کے تحت کام کرتی ہے:

- **ریاستیں** - علاقائی روحیں جو قوموں اور حکومتوں کو متاثر کرتی ہیں۔
- **طاقتیں** - ایجنٹ جو شیطانی نظام کے ذریعے برائی کو نافذ کرتے ہیں۔
- **تاریکی کے حکمران** - روحانی اندھے پن، بت پرستی، جھوٹے مذہب کے کوآرڈینیٹر
- **اعلیٰ مقامات پر روحانی بدکاری** - عالمی ثقافت، دولت اور ٹیکنالوجی کو متاثر کرنے والے اشرافیہ کی سطح کے ادارے

ہر شیطان کچھ مخصوص کاموں میں مہارت رکھتا ہے - خوف، لت،
جنسی بگاڑ، الجھن، فخر، تقسیم۔

3. ثقافتی کنٹرول کے اوزار

شیطان کو اب جسمانی طور پر ظاہر ہونے کی ضرورت نہیں ہے۔ ثقافت
اب بھاری لفٹنگ کرتا ہے۔ آج اس کی حکمت عملیوں میں شامل ہیں:

- **شاندار پیغام رسانی:** موسیقی، شوز، چھپی ہوئی علامتوں اور الٹ پیغامات سے بھرے اشتہارات
- **غیر حساسیت:** گناہ کا بار بار نمائش (تشدد، عریانی، بے حرمتی) جب تک کہ یہ "معمول" نہ ہوجائے
- **دماغ پر قابو پانے کی تکنیکیں:** میڈیا سموہن، جذباتی ہیرا پھیری، اور لت لگانے والے الگورتھم کے ذریعے

یہ حادثاتی نہیں ہے۔ یہ وہ حکمت عملی ہیں جو اخلاقی یقین کو کمزور
کرنے، خاندانوں کو تباہ کرنے، اور سچائی کو دوبارہ بیان کرنے کے
لیے بنائی گئی ہیں۔

4. نسلی معاہدے اور بلڈ لائنز

خوابوں، رسومات، لگن، یا آبائی معاہدوں کے ذریعے، بہت سے لوگ نادانستہ طور پر تاریکی سے جڑ جاتے ہیں۔ شیطان اس کا فائدہ اٹھاتا ہے:

- خاندانی قربان گاہیں اور آبائی بت
- نام دینے کی تقاریب جو روحوں کو دعوت دیتی ہیں۔
- خفیہ خاندانی گناہ یا لعنتیں گزر گئیں۔

یہ مصیبت کے لیے کھلے قانونی بنیادیں ہیں جب تک کہ عہد عیسیٰ کے خون سے ٹوٹ نہیں جاتا۔

5. جھوٹے معجزات، جھوٹے نبی

تاریک بادشاہی مذہب سے محبت کرتی ہے - خاص طور پر اگر اس میں سچائی اور طاقت کی کمی ہو۔ جھوٹے نبی، فتنہ انگیز روحیں، اور جعلی معجزات عوام کو دھوکہ دیتے ہیں:

"کیونکہ شیطان خود نور کے فرشتے میں تبدیل ہو جاتا ہے۔" —2 کرنتھیوں 11:14

آج بہت سے لوگ ایسی آوازوں کی پیروی کرتے ہیں جو ان کے کانوں میں گدگدی کرتی ہیں لیکن ان کی روحوں کو باندھ دیتی ہیں۔

کلیدی بصیرت

شیطان ہمیشہ بلند نہیں ہوتا - کبھی کبھی وہ سمجھوتہ کے ذریعے سرگوشی کرتا ہے۔ ڈارک کنگڈم کا سب سے بڑا حربہ لوگوں کو یہ باور کرانا ہے کہ وہ آزاد ہیں، جبکہ وہ مکمل طور پر غلام ہیں۔

عکاسی جرنل:

- آپ نے اپنی برادری یا قوم میں یہ آپریشن کہاں دیکھے ہیں؟
- کیا ایسے شوز، موسیقی، ایپس، یا رسومات کو آپ نے معمول بنایا ہے جو درحقیقت ہیرا پھیری کے اوزار ہو سکتے ہیں؟

بیداری اور توبہ کی دعا:

خداوند یسوع، دشمن کی کارروائیوں کو دیکھنے کے لیے میری آنکھیں کھولیں۔ ہر جھوٹ کو بے نقاب کرو جس پر میں نے یقین کیا ہے۔ مجھے ہر دروازے کے لیے معاف کر دو جو میں نے دانستہ یا نادانستہ طور پر کھولا ہے۔ میں اندھیرے سے معاہدہ توڑتا ہوں اور آپ کی سچائی، آپ کی طاقت اور آپ کی آزادی کا انتخاب کرتا ہوں۔ یسوع کے نام پر۔ آمین۔

باب 3: داخلے کے پوائنٹس - لوگ کیسے جھک جاتے ہیں۔

شیطان کو قدم نہ جماؤ۔" —افسیوں 4:27"

ہر ثقافت، نسل اور گھر میں، چھپے ہوئے دروازے ہوتے ہیں - وہ دروازے جن سے روحانی تاریکی داخل ہوتی ہے۔ یہ انٹری پوائنٹس پہلے ،تو بے ضرر لگ سکتے ہیں: بچپن کا کھیل، خاندانی رسم، کتاب، فلم ایک غیر حل شدہ صدمہ۔ لیکن ایک بار کھولنے کے بعد، وہ شیطانی اثر و رسوخ کے لیے قانونی بنیاد بن جاتے ہیں۔

کامن انٹری پوائنٹس

1. **خونی معاہدے** - آبائی قسمیں، رسومات، اور بت پرستی جو بری روحوں تک رسائی کو کم کرتی ہیں۔
2. **جادو سے ابتدائی نمائش - جیسا کہ بولیویا سے** لورڈیس والڈیویا کی کہانی میں ہے ، جادوگرنی، روحانیت، یا جادوئی رسومات کا سامنا کرنے والے بچے اکثر روحانی طور پر سمجھوتہ کر لیتے ہیں۔
3. **میڈیا اور موسیقی** - گانے اور فلمیں جو اندھیرے، جنسیت، یا بغاوت کی تعریف کرتے ہیں، روحانی اثر کو مدعو کر سکتے ہیں۔
4. **صدمہ اور بدسلوکی** - جنسی زیادتی، پرتشدد صدمے، یا مسترد کرنا جابرانہ روحوں کے لیے کھلی روح کو توڑ سکتا ہے۔
5. **جنسی گناہ اور روح کے تعلقات** - غیر قانونی جنسی اتحاد اکثر روحانی بندھن اور روح کی منتقلی پیدا کرتے ہیں۔
6. **،نیا دور اور جھوٹا مذہب** - کرسٹل، یوگا، روحانی رہنما، زائچہ اور "سفید جادو ٹونے" پردہ دار دعوتیں ہیں۔
7. **تلخی اور معافی** - یہ شیطانی روحوں کو اذیت دینے کا قانونی حق دیتے ہیں (دیکھیں میتھیو 18:34)۔

عالمی گواہی ہائی لائٹ: لورڈیس والڈیویا (بولیویا)

صرف 7 سال کی عمر میں، لورڈیس کو اس کی والدہ نے جادو ٹونے سے متعارف کرایا، جو ایک طویل عرصے سے جادوگر تھیں۔ اس کا گھر علامتوں، قبرستانوں کی ہڈیوں اور جادوئی کتابوں سے بھرا پڑا تھا۔ آخر کار یسوع کو ڈھونڈنے اور آزاد ہونے سے پہلے اس نے نجومی پروجیکشن، آوازوں اور عذاب کا تجربہ کیا۔ اس کی کہانی بہت سے لوگوں میں سے ایک ہے - یہ ثابت کرتی ہے کہ ابتدائی نمائش اور نسل پرستی کا اثر روحانی غلامی کے دروازے کیسے کھولتا ہے۔

عظیم کارناموں کا حوالہ:

اس کی کہانیاں کہ کس طرح لوگوں نے "بے ضرر" سرگرمیوں کے ذریعے نادانستہ طور پر دروازے کھولے — صرف اندھیرے میں پھنسنے کے لیے — گریٹر ایکسپلائٹس 14 اور اندھیرے کی طاقت سے نجات حاصل کی جا سکتی ہیں ۔ (ضمیمہ چیک کریں)

کلیدی بصیرت

دشمن شاذ و نادر ہی اندر داخل ہوتا ہے۔ وہ دروازے کے کھلنے کا انتظار کرتا ہے۔ جو چیز معصوم، وراثت میں ملی، یا دل لگی محسوس ہوتی ہے وہ بعض اوقات دشمن کو درکار دروازہ ہو سکتا ہے۔

عکاسی جرنل

- میری زندگی میں کون سے لمحات روحانی داخلے کے مقامات کے طور پر کام کر سکتے ہیں؟
- کیا ایسی "بے ضرر" روایات یا اشیاء ہیں جن کو مجھے چھوڑنے کی ضرورت ہے؟
- کیا مجھے اپنے ماضی یا خاندانی سلسلے سے کچھ بھی ترک کرنے کی ضرورت ہے؟

استغفار کی دعا

باپ، میں ہر وہ دروازہ بند کرتا ہوں جو میں نے یا میرے باپ دادا نے اندھیرے کے لیے کھولا ہو گا۔ میں تمام معاہدوں، روح کے رشتوں، اور کسی بھی ناپاک چیز کی نمائش کو ترک کرتا ہوں۔ میں یسوع کے خون

سے ہر زنجیر کو توڑتا ہوں۔ میں اعلان کرتا ہوں کہ میرا جسم، روح اور روح صرف مسیح کی ہے۔ یسوع کے نام پر۔ آمین۔

باب 4: اظہارات - قبضے سے جنون تک

جب کسی شخص میں سے ناپاک روح نکلتی ہے تو وہ آرام کی تلاش میں خشک جگہوں سے گزرتی ہے اور اسے نہیں پاتی۔ پھر کہتی ہے کہ میں اس گھر میں واپس آؤں گا جسے میں نے چھوڑا تھا۔" — متی 12:43۔

ایک بار جب کوئی شخص تاریک بادشاہی کے زیر اثر آجاتا ہے، تو اس کے مظاہر شیطانی رسائی کی سطح کی بنیاد پر مختلف ہوتے ہیں۔ روحانی دشمن ملاقات کے لیے بس نہیں کرتا - اس کا حتمی مقصد رہائش اور تسلط ہے۔

مظہر کی سطحیں۔

1. **اثر** ۔ دشمن خیالات، جذبات اور فیصلوں کے ذریعے اثر و رسوخ حاصل کرتا ہے۔
2. **جبر** ۔ بیرونی دباؤ، بھاری پن، الجھن اور عذاب ہے۔
3. **جنون** ۔ وہ شخص تاریک خیالات یا مجبوری کے رویے پر مستعد ہو جاتا ہے۔
4. **قبضہ** ۔ غیر معمولی لیکن حقیقی معاملات میں، شیاطین رہائش اختیار کرتے ہیں اور کسی شخص کی مرضی، آواز یا جسم کو زیر کر لیتے ہیں۔

ظاہر کی ڈگری اکثر روحانی سمجھوتہ کی گہرائی سے منسلک ہوتی ہے۔

ظاہر کا عالمی کیس اسٹڈیز

- **افریقہ**: روحانی شوہر/بیوی، پاگل پن، رسمی غلامی کے معاملات۔
- **یورپ**: نیو ایج سموہن، ایسٹرل پروجیکشن، اور دماغ کے ٹکڑے۔
- **ایشیا**: آبائی روح کے تعلقات، تناسخ کے جال، اور خون کی لکیر کی قسمیں۔
- **جنوبی امریکہ**: شمنزم، روحانی رہنما، نفسیاتی پڑھنے کی لت۔

- **شمالی امریکہ:** میڈیا میں جادو ٹونا، "بے ضرر" زائچہ، مادہ کے دروازے۔
- **مشرق وسطیٰ:** جن کے مقابلے، خون کی قسمیں، اور پیشن گوئی کی جعلسازی۔

ہر براعظم ایک ہی شیطانی نظام کا اپنا منفرد بھیس پیش کرتا ہے — اور مومنوں کو نشانیوں کو پہچاننا سیکھنا چاہیے۔

شیطانی سرگرمی کی عام علامات

- بار بار آنے والے ڈراؤنے خواب یا نیند کا فالج
- آوازیں یا ذہنی اذیت
- جبری گناہ اور بار بار پیچھے ہٹنا
- نامعلوم بیماریاں، خوف، یا غصہ
- مافوق الفطرت طاقت یا علم
- روحانی چیزوں سے اچانک نفرت

کلیدی بصیرت

جسے ہم "ذہنی"، "جذباتی" یا "طبی" مسائل کہتے ہیں وہ بعض اوقات روحانی ہو سکتے ہیں۔ ہمیشہ نہیں - لیکن اکثر کافی ہے کہ فہم بہت ضروری ہے۔

عکاسی جرنل

- کیا میں نے دہرائی جانے والی جدوجہد کو دیکھا ہے جو فطرت میں روحانی لگتے ہیں؟
- کیا میرے خاندان میں نسلی تباہی کے نمونے ہیں؟
- میں اپنی زندگی میں کس قسم کے میڈیا، موسیقی، یا رشتوں کی اجازت دے رہا ہوں؟

استغفار کی دعا

خداوند یسوع، میں اپنی زندگی میں ہر پوشیدہ معاہدے، کھلے دروازے اور بے دین عہد کو ترک کرتا ہوں۔ میں کسی بھی چیز سے رشتہ توڑتا ہوں جو آپ میں سے نہیں ہے - دانستہ یا نادانستہ۔ میں روح القدس کی آگ

کو دعوت دیتا ہوں کہ وہ اپنی زندگی کے ہر تاریکی کو بھسم کر دے۔ مجھے مکمل طور پر آزاد کر دو۔ تیرے عظیم نام پر۔ آمین۔

باب 5: لفظ کی طاقت ۔ مومنوں کی اتھارٹی

,"دیکھو، میں تمہیں سانپوں اور بچھوؤں کو روندنے کا اختیار دیتا ہوں" اور دشمن کی تمام طاقت پر قابو پاتا ہوں: اور تمہیں کوئی چیز نقصان نہیں پہنچائے گی۔" — لوقا 10:19 (KJV)

بہت سے مومن تاریکی کے خوف میں رہتے ہیں کیونکہ وہ اس روشنی کو نہیں سمجھتے جو وہ لے جاتے ہیں۔ پھر بھی کلام پاک سے پتہ چلتا ہے کہ **خدا کا کلام صرف تلوار نہیں ہے (افسیوں 6:17)** - یہ آگ ہے (یرمیاہ 23:29)، ایک ہتھوڑا، ایک بیج، اور خود زندگی۔ روشنی اور اندھیرے کے درمیان جنگ میں، جو لوگ کلام کو جانتے ہیں اور اس کا اعلان کرتے ہیں وہ کبھی شکار نہیں ہوتے۔

یہ طاقت کیا ہے؟

طاقت مومنوں کو سونپی گئی اتھارٹی ہے . ایک بیج والے پولیس افسر کی طرح، ہم اپنی طاقت پر نہیں، بلکہ **یسوع کے نام** اور خدا کے کلام کے ذریعے کھڑے ہیں۔ جب یسوع نے بیابان میں شیطان کو شکست دی، تو وہ نہ چیخا، نہ رویا، نہ گھبرایا ۔ اس نے صرف اتنا کہا: "یہ لکھا ہے۔"

یہ تمام روحانی جنگوں کا نمونہ ہے۔

کیوں بہت سے مسیحی شکست خوردہ رہتے ہیں۔

1. **لاعلمی** ۔ وہ نہیں جانتے کہ کلام ان کی شناخت کے بارے میں کیا کہتا ہے۔
2. **خاموشی** ۔ وہ حالات پر خدا کے کلام کا اعلان نہیں کرتے ہیں۔
3. **عدم مطابقت** ۔ وہ گناہ کے چکروں میں رہتے ہیں، جو اعتماد اور رسائی کو ختم کر دیتے ہیں۔

فتح زیادہ زور سے چیخنے کے بارے میں نہیں ہے۔ یہ گہرا یقین کرنے اور دلیری سے اعلان کرنے کے بارے میں ہے ۔

اتھارٹی ان ایکشن ۔ عالمی کہانیاں

- **نائیجیریا:** فرقہ پرستی میں پھنسے ایک نوجوان لڑکے کی پیدائش اس وقت ہوئی جب اس کی ماں مسلسل اپنے کمرے کو مسح کرتی تھی اور رات کو زبور 91 بولتی تھی۔
- **ریاستہائے متحدہ:** ایک سابق وکن نے جادو ٹونے کو ترک کر دیا جب ایک ساتھی نے اپنے کام کی جگہ پر مہینوں تک خاموشی سے صحیفوں کا اعلان کیا۔
- **ہندوستان:** ایک مومن نے کالے جادو کے مسلسل حملوں کا ،سامنا کرتے ہوئے یسعیاہ 54:17 کا اعلان کیا - حملے رک گئے اور حملہ آور نے اعتراف کیا۔
- **برازیل:** ایک خاتون نے اپنے خودکشی کے خیالات پر روزانہ رومیوں 8 کے اعلانات کا استعمال کیا اور مافوق الفطرت امن میں چلنا شروع کیا۔

کلام زندہ ہے۔ اسے ہمارے کمال کی ضرورت نہیں، صرف ہمارے ایمان اور اعتراف کی ضرورت ہے۔

جنگ میں لفظ کو کیسے استعمال کیا جائے۔

1. شناخت، فتح، اور تحفظ سے متعلق **صحیفے حفظ کریں** ۔
2. **کلام کو بلند آواز سے بولیں** ، خاص طور پر روحانی حملوں کے دوران۔
3. **اسے دعا میں استعمال کریں** ، حالات پر خدا کے وعدوں کا اعلان کریں۔
4. اپنے لنگر کے طور پر کلام کے ساتھ **روزہ + دعا کریں (متی 17:21)۔**

جنگ کے لیے بنیادی صحیفے

- کرنتھیوں 3:10-5 – مضبوط قلعوں کو گرانا 2
- یسعیاہ 54:17 - کوئی بھی ہتھیار جو بنایا گیا ہے کامیاب نہیں ہوگا۔
- لوقا 10:19 – دشمن پر طاقت
- زبور 91 - الٰہی تحفظ
- مکاشفہ 12:11 - خون اور گواہی سے قابو پانا

کلیدی بصیرت

آپ کے منہ میں خُدا کا کلام اتنا ہی طاقتور ہے جتنا کہ خُدا کے منہ میں کلام ── جب ایمان کے ساتھ بولا جاتا ہے۔

عکاسی جرنل

- کیا میں ایک مومن کی حیثیت سے اپنے روحانی حقوق کو جانتا ہوں؟
- آج میں کس صحیفے پر فعال طور پر کھڑا ہوں؟
- کیا میں نے خوف یا جہالت کو اپنے اختیار کو خاموش کرنے کی اجازت دی ہے؟

بااختیار بنانے کی دعا

باپ، میری آنکھیں کھولو اس اختیار کے لیے جو مجھے مسیح میں ہے۔ مجھے دلیری اور ایمان کے ساتھ اپنے کلام پر عمل کرنا سکھائیں۔ جہاں میں نے خوف یا جہالت کو راج کرنے دیا ہے وہاں وحی آنے دو۔ میں آج خدا کے بچے کے طور پر کھڑا ہوں، روح کی تلوار سے لیس ہوں۔ میں کلام کروں گا۔ میں جیت کے ساتھ کھڑا رہوں گا۔ میں دشمن سے نہیں ڈروں گا ۔ کیونکہ وہ جو مجھ میں ہے عظیم ہے۔ یسوع کے نام پر۔ آمین۔

- دن 1: خون کی لکیریں اور دروازے
خاندانی زنجیروں کو توڑنا

ہمارے باپ دادا نے گناہ کیا اور اب نہیں رہے اور ہم ان کی سزا بھگت" رہے ہیں۔" — نوحہ 5:7

آپ کو بچایا جا سکتا ہے، لیکن آپ کے خون کی لکیر اب بھی ایک تاریخ ہے — اور جب تک پرانے عہد ٹوٹ نہیں جاتے، وہ بولتے رہتے ہیں۔

ہر براعظم میں، پوشیدہ قربان گاہیں، آبائی معاہدے، خفیہ منتیں، اور وراثت میں ملنے والی برائیاں اس وقت تک فعال رہتی ہیں جب تک کہ ان کا خاص طور پر ازالہ نہیں کیا جاتا۔ پردادا کے ساتھ جو کچھ شروع ہوا وہ شاید آج کے بچوں کی تقدیر کا دعویٰ کر رہے ہیں۔

عالمی اظہار

- **افریقہ** - خاندانی دیوتا، اوریکلز، نسلی جادوگری، خون کی قربانیاں۔
- **ایشیا** - آباؤ اجداد کی عبادت، تناسخ کے بندھن، کرما زنجیریں۔
- **لاطینی امریکہ** - سانٹیریا، موت کی قربان گاہیں، شامی خون کی قسمیں
- **یورپ** - فری میسنری، کافر جڑیں، بلڈ لائن معاہدے۔
- **شمالی امریکہ** - نئے زمانے کی وراثت، میسونک نسب، خفیہ اشیاء۔

لعنت اس وقت تک جاری رہتی ہے جب تک کہ کوئی یہ کہنے کے لیے "!نہیں اٹھتا، "اور نہیں

ایک گہری گواہی - جڑوں سے شفا یابی

مغربی افریقہ سے تعلق رکھنے والی ایک خاتون نے گریٹر ایکسپلائٹس کو پڑھنے کے بعد محسوس کیا کہ اس کے دائمی اسقاط حمل اور غیر 14 وضاحتی عذاب اس کے دادا کے مزار کے پجاری کے عہدے سے جڑے

ہوئے تھے۔ اس نے برسوں پہلے مسیح کو قبول کر لیا تھا لیکن خاندانی عہود کے ساتھ کبھی معاملہ نہیں کیا۔

تین دن کی نماز اور روزے کے بعد، وہ گلتیوں 3:13 کا استعمال کرتے ہوئے کچھ وراثت کو تباہ کرنے اور عہدوں کو ترک کرنے کی رہنمائی کی گئی۔ اسی مہینے، وہ حاملہ ہوئی اور ایک بچہ پوری مدت تک لے گیا۔ آج، وہ شفا یابی اور نجات کی وزارت میں دوسروں کی رہنمائی کرتی ہے۔

لاطینی امریکہ میں ایک اور شخص، کتاب ڈیلیورڈ فرام دی پاور آف ڈارکنس سے ، ایک فری میسنری لعنت کو ترک کرنے کے بعد آزادی ملی جو خفیہ طور پر اس کے پردادا کی طرف سے دی گئی تھی۔ جیسا کہ اس نے یسعیاہ 24:49-26 جیسے صحیفوں کو لاگو کرنا شروع کیا اور نجات کی دعاؤں میں مشغول ہونا شروع کیا، اس کی ذہنی اذیت رک گئی اور اس کے گھر میں امن بحال ہوگیا۔

یہ کہانیاں اتفاقی نہیں ہیں - یہ عمل میں سچائی کی گواہی ہیں۔

ایکشن پلان - فیملی انوینٹری

1. — تمام معلوم خاندانی عقائد، طریقوں، اور وابستگیوں کو لکھیں مذہبی، صوفیانہ، یا خفیہ معاشرے۔
2. خدا سے پوشیدہ قربان گاہوں اور معاہدوں کے انکشاف کے لیے دعا کریں۔
3. بت پرستی یا جادو کے طریقوں سے منسلک کسی بھی چیز کو نماز کے ساتھ تباہ اور ضائع کر دیں۔
4. رہنمائی کے طور پر تیزی سے چلیں اور قانونی بنیاد کو توڑنے کے لیے نیچے دیے گئے صحیفوں کا استعمال کریں:
   - احبار 26:40-42
   - یسعیاہ 24:49-26
   - گلتیوں 3:13

گروپ ڈسکشن اور درخواست

- کون سے عام خاندانی طریقوں کو اکثر بے ضرر سمجھ کر نظر انداز کیا جاتا ہے لیکن روحانی طور پر خطرناک ہو سکتا ہے؟
- ،ممبران کو گمنام طور پر (اگر ضرورت ہو) کوئی خواب، اشیاء یا بار بار آنے والے چکروں کو ان کی بلڈ لائن میں شیئر کریں۔
- دستبرداری کی اجتماعی دعا - ہر شخص کنبہ کا نام بول سکتا ہے یا ترک کیا جارہا ہے۔

وزارت کے اوزار: مسح کرنے والا تیل لاؤ۔ کمیونین کی پیشکش کریں۔ متبادل کے عہد کی دعا میں گروپ کی رہنمائی کریں — ہر خاندانی سلسلے کو مسیح کے لیے وقف کرنا۔

کلیدی بصیرت

دوبارہ پیدا ہونا آپ کی روح کو بچاتا ہے۔ خاندانی عہدوں کو توڑنا آپ کی تقدیر کو محفوظ رکھتا ہے۔

عکاسی جرنل

- میرے خاندان میں کیا چلتا ہے؟ میرے ساتھ رکنے کی کیا ضرورت ہے؟
- کیا میرے گھر میں ایسی اشیاء، نام، یا روایات ہیں جنہیں جانے کی ضرورت ہے؟
- میرے آباؤ اجداد نے کون سے دروازے کھولے جو اب مجھے بند کرنے کی ضرورت ہے؟

رہائی کی دعا

خداوند یسوع، میں آپ کے خون کے لیے آپ کا شکریہ ادا کرتا ہوں جو بہتر باتیں کرتا ہے۔ آج میں ہر پوشیدہ قربان گاہ، خاندانی عہد، اور وراثت میں ملی غلامی کو ترک کرتا ہوں۔ میں اپنے خون کی زنجیروں کو توڑتا ،ہوں اور اعلان کرتا ہوں کہ میں ایک نئی تخلیق ہوں۔ میری زندگی خاندان، اور تقدیر اب صرف آپ کی ہے۔ یسوع کے نام پر۔ آمین۔

دن 2: خوابوں کے حملے - جب رات میدان جنگ بن جاتی ہے

جب لوگ سو رہے تھے، اُس کا دشمن آیا اور گیہوں کے درمیان" جھاڑیوں کو بویا، اور چلا گیا۔" —متی 13:25

بہت سے لوگوں کے لیے، سب سے بڑی روحانی جنگ جاگتے ہوئے نہیں ہوتی - یہ اس وقت ہوتی ہے جب وہ سو رہے ہوتے ہیں۔

خواب صرف دماغ کی بے ترتیب سرگرمی نہیں ہیں۔ وہ روحانی پورٹلز ہیں جن کے ذریعے انتباہات، حملے، عہد اور تقدیر کا تبادلہ ہوتا ہے۔ دشمن خوف، ہوس، الجھن اور تاخیر کے بیج بونے کے لیے نیند کو ایک خاموش میدان جنگ کے طور پر استعمال کرتا ہے - یہ سب کچھ بغیر کسی مزاحمت کے کیونکہ زیادہ تر لوگ جنگ سے ناواقف ہیں۔

عالمی اظہار

- **افریقہ** - روحانی شریک حیات، سانپ، خواب میں کھانا، بہانا۔
- **ایشیا** - آبائی ملاقاتیں، موت کے خواب، کرمی عذاب۔
- **لاطینی امریکہ** - حیوانات کے شیطان، سائے، نیند کا فالج۔
- پروجیکشن، اجنبی خواب، صدمے کے Astral - **شمالی امریکہ** ری پلے
- **یورپ** - گوتھک مظاہر، جنسی شیطان (انکیوبس/سکوبس)، روح کے ٹکڑے۔

اگر شیطان آپ کے خوابوں پر قابو پا سکتا ہے تو وہ آپ کی تقدیر کو متاثر کر سکتا ہے۔

گواہی - رات کی دہشت سے امن تک

Ex-Stanist: The برطانیہ سے تعلق رکھنے والی ایک نوجوان خاتون نے James Exchange کو پڑھنے کے بعد ای میل کیا - اس نے بتایا کہ کس

طرح برسوں سے، اس کا پیچھا کیے جانے، کتوں کے کاٹنے، یا اجنبی مردوں کے ساتھ سونے کے خوابوں سے دوچار رہی تھی - اس کے بعد ،حقیقی زندگی میں ہمیشہ ناکامیاں آتی تھیں۔ اس کے تعلقات ناکام ہو گئے ملازمت کے مواقع ختم ہو گئے، اور وہ مسلسل تھک چکی تھی۔

روزے رکھنے اور ایوب 33:14-18 جیسے صحیفوں کے مطالعہ کے - ذریعے، اس نے دریافت کیا کہ خدا اکثر خوابوں کے ذریعے بولتا ہے لیکن دشمن بھی ایسا ہی کرتا ہے۔ اس نے اپنے سر پر تیل ڈالنا شروع کر دیا، جاگتے ہی برے خوابوں کو اونچی آواز میں رد کر دیا، اور خوابوں کا جریدہ رکھنا شروع کر دیا۔ رفتہ رفتہ، اس کے خواب واضح اور پرامن ہوتے گئے۔ آج، وہ خوابوں کے حملوں میں مبتلا نوجوان خواتین کے لیے ایک سپورٹ گروپ کی قیادت کرتی ہیں۔

نائیجیریا کے ایک تاجر نے یوٹیوب کی گواہی سننے کے بعد محسوس کیا کہ اس کا ہر رات کھانا پیش کرنے کا خواب جادو ٹونے سے جڑا ہوا تھا۔ جب بھی اس نے خواب میں کھانا قبول کیا، اس کے کاروبار میں چیزیں ،غلط ہو گئیں۔ اس نے خواب میں فوری طور پر کھانے کو رد کرنا سیکھا سونے سے پہلے زبانوں میں دعا مانگنا، اور اب اس کی بجائے الٰہی حکمت عملی اور انتباہات دیکھتا ہے۔

ایکشن پلان - اپنی رات کی گھڑیوں کو مضبوط بنائیں

1. **سونے سے پہلے:** بلند آواز سے صحیفے پڑھیں۔ عبادت کرنا۔ اپنے سر پر تیل لگائیں۔
2. **ڈریم جرنل:** بیدار ہونے پر ہر خواب کو لکھیں - اچھا یا برا۔ روح القدس سے تشریح طلب کریں۔
3. **رد کرنا اور ترک کرنا:** اگر خواب میں جنسی سرگرمی، مردہ رشتہ دار، کھانا، یا غلامی شامل ہے تو اسے فوراً نماز میں ترک کر دیں۔
4. **:صحیفہ جنگ**
   - زبور 4:8 - پرسکون نیند
   - ایوب 33:14-18 - خدا خوابوں کے ذریعے بولتا ہے۔
   - میتھیو 13:25 — دشمن درخت بوتا ہے۔
   - یسعیاہ 54:17 — آپ کے خلاف کوئی ہتھیار نہیں بنایا گیا۔

گروپ کی درخواست

- گمنام طور پر حالیہ خوابوں کا اشتراک کریں۔ گروپ کو پیٹرن اور معنی سمجھنے دیں۔
- اراکین کو سکھائیں کہ برے خوابوں کو زبانی طور پر کیسے رد کیا جائے اور اچھے خوابوں پر نماز میں مہر لگائی جائے۔
- گروپ کا اعلان: "ہم اپنے خوابوں میں، یسوع کے نام پر شیطانی لین دین سے منع کرتے ہیں!"

وزارت کے اوزار:

- ڈریم جرنلنگ کے لیے کاغذ اور قلم لے کر آئیں۔
- اپنے گھر اور بستر پر مسح کرنے کا طریقہ دکھائیں۔
- رات کے لئے عہد کی مہر کے طور پر کمیونین پیش کریں۔

کلیدی بصیرت

خواب یا تو خدائی مقابلوں کے دروازے ہیں یا شیطانی پھنسانے کے۔ سمجھداری کلید ہے۔

عکاسی جرنل

- میں نے مسلسل کس قسم کے خواب دیکھے ہیں؟
- کیا میں اپنے خوابوں پر غور کرنے کے لیے وقت نکالتا ہوں؟
- کیا میرے خواب مجھے کسی ایسی چیز کے بارے میں خبردار کر رہے ہیں جس کو میں نے نظر انداز کیا؟

رات کی گھڑی کی دعا

باپ، میں اپنے خواب آپ کے لیے وقف کرتا ہوں۔ کسی بری طاقت کو میری نیند میں نہ آنے دیں۔ میں اپنے خوابوں میں ہر شیطانی عہد، جنسی ناپاکی، یا ہیرا پھیری کو مسترد کرتا ہوں ۔ جب میں سوتا ہوں تو مجھے الہی ملاقات، آسمانی ہدایات، اور فرشتہ تحفظ حاصل ہوتا ہے۔ میری راتیں امن، وحی اور طاقت سے بھر جائیں۔ یسوع کے نام میں، آمین۔

دن 3: روحانی شریک حیات ۔ ناپاک اتحاد جو تقدیر کو باندھتے ہیں

کیونکہ تیرا بنانے والا تیرا شوہر ہے ۔ خُداوند قادرِ مطلق اُس کا نام"
ہے..." ۔ یسعیاہ 54:5
— "انھوں نے اپنے بیٹوں اور بیٹیوں کو شیطانوں کے لیے قربان کیا۔"
زبور 106:37

جب کہ بہت سے لوگ ازدواجی کامیابی کے لیے پکارتے ہیں، لیکن انہیں جس چیز کا ادراک نہیں وہ یہ ہے کہ وہ پہلے سے ہی ایک **روحانی شادی میں ہیں** — جس کے لیے انہوں نے کبھی رضامندی نہیں دی۔

،یہ **خوابوں، چھیڑ چھاڑ، خون کی رسومات، فحش نگاری، آبائی قسموں یا شیطانی منتقلی کے ذریعے بنائے گئے عہد ہیں** ۔ روحانی شریک حیات انکیوبس (مرد) یا سوکبس (خاتون) — شخص کے جسم، قربت اور — مستقبل کا قانونی حق لے لیتا ہے، اکثر تعلقات کو مسدود کرتا ہے، گھروں کو تباہ کرتا ہے، اسقاط حمل کا باعث بنتا ہے، اور نشے کو ہوا دیتا ہے۔

عالمی مظاہر

- **افریقہ** ۔ سمندری اسپرٹ (مامی واٹا)، آبی ریاستوں سے روحانی بیویاں/شوہر۔
- **ایشیا** ۔ آسمانی شادیاں، کرمک روح کے ساتھی لعنتیں، دوبارہ جنم لینے والے میاں بیوی۔
- **یورپ** ۔ جادوگرنی کی یونینیں، فری میسنری یا ڈروڈ کی جڑوں سے شیطانی محبت کرنے والے۔
- **لاطینی امریکہ** ۔ سانٹیریا کی شادیاں، محبت کے منتر، معاہدے "پر مبنی "روح کی شادیاں۔
- **شمالی امریکہ** ۔ فحش حوصلہ افزائی روحانی پورٹلز، نئے دور کی جنسی روحیں، انکیوبس مقابلوں کے مظہر کے طور پر اجنبی اغوا۔

حقیقی کہانیاں ۔ ازدواجی آزادی کی جنگ

Tolu, Nigeria

Tolu 32 اور سنگل تھا۔ جب بھی اس کی منگنی ہوتی، وہ آدمی اچانک غائب ہو جاتا۔ وہ مسلسل وسیع تقاریب میں شادی کرنے کا خواب دیکھتی تھی۔ گریٹر ایکسپلائٹس 14 میں ، اس نے تسلیم کیا کہ اس کا کیس وہاں مشترکہ گواہی سے مماثل ہے۔ اس نے آدھی رات کو تین روزہ روزہ اور رات کی جنگی دعائیں کیں، روح کے رشتوں کو منقطع کیا اور اس سمندری جذبے کو نکال دیا جس نے اس کا دعویٰ کیا تھا۔ آج، وہ شادی شدہ ہے اور دوسروں کو مشورہ دے رہی ہے۔

Lina, Philippines

Lina نے اکثر رات کو اپنے ساتھ ایک "موجودگی" محسوس کی۔ اس نے سوچا کہ وہ اس وقت تک چیزوں کا تصور کر رہی تھی جب تک کہ اس کی ٹانگوں اور رانوں پر بغیر کسی وضاحت کے زخم آنے لگے۔ اس کے پادری نے ایک روحانی شریک حیات کو پہچانا۔ اس نے ماضی کے اسقاط حمل اور فحش نگاری کی لت کا اعتراف کیا، پھر اس سے نجات ملی۔ اب وہ نوجوان خواتین کو اپنی کمیونٹی میں ملتے جلتے نمونوں کی نشاندہی کرنے میں مدد کرتی ہے۔

ایکشن پلان - عہد کو توڑنا

1. **اعتراف** اور توبہ کریں۔
2. **مسترد کریں** — نام کے ذریعے، اگر ظاہر ہو۔
3. یسعیاہ 54 اور زبور 18 کے ساتھ لنگر صحیفے کے طور پر 3 دن (یا قیادت کے طور پر) **روزہ رکھیں**۔
4. **کو تباہ کریں** : انگوٹھیاں، کپڑے، یا گفٹ جو ماضی سے محبت کرنے والوں یا خفیہ وابستگیوں سے منسلک ہوں۔
5. : **بلند آواز سے اعلان کریں**

میں نے کسی روح سے شادی نہیں کی۔ میرا عہد یسوع مسیح سے ہے۔ میں اپنے جسم، روح اور روح میں ہر شیطانی اتحاد کو مسترد کرتا ہوں

کلام پاک کے اوزار

- یسعیاہ 8-54:4 - خدا آپ کے حقیقی شوہر کے طور پر
- زبور 18 - موت کی ڈوریوں کو توڑنا
- کرنتھیوں 20-6:15 - آپ کا جسم رب کا ہے۔ 1
- ہوزیا 8-2:6 – بے دین عہدوں کو توڑنا

گروپ کی درخواست

- ،گروپ کے اراکین سے پوچھیں: کیا آپ نے کبھی شادیوں اجنبیوں کے ساتھ جنسی تعلقات، یا رات کو سایہ دار شخصیت کے خواب دیکھے ہیں؟
- روحانی شریک حیات کے ایک گروپ کو ترک کرنے کی قیادت کریں۔
- جنت میں طلاق کی عدالت" کا کردار ادا کریں - ہر شریک دعا" میں خدا کے سامنے روحانی طلاق فائل کرتا ہے۔
- سر، پیٹ اور پاؤں پر مسح کرنے والے تیل کو صفائی، تولید اور حرکت کی علامت کے طور پر استعمال کریں۔

کلیدی بصیرت

شیطانی شادیاں حقیقی ہیں۔ لیکن کوئی روحانی اتحاد نہیں ہے جسے یسوع کے خون سے توڑا نہیں جا سکتا۔

عکاسی جرنل

- کیا میں نے شادی یا جنسی تعلقات کے بار بار خواب دیکھے ہیں؟
- کیا میری زندگی میں رد، تاخیر، یا اسقاط حمل کے نمونے ہیں؟
- کیا میں اپنے جسم، جنسیت اور مستقبل کو خدا کے حوالے کرنے کے لیے تیار ہوں؟

نجات کی دعا

آسمانی باپ، میں ہر جنسی گناہ سے توبہ کرتا ہوں، معلوم یا نامعلوم۔ میں اپنی زندگی کا دعویٰ کرنے والے ہر روحانی شریک حیات، سمندری روح، یا خفیہ شادی کو مسترد اور ترک کرتا ہوں - یسوع کے خون کی طاقت سے، میں ہر عہد، خواب کے بیج، اور روح کے بندھن کو توڑتا

ہوں۔ میں اعلان کرتا ہوں کہ میں مسیح کی دلہن ہوں، اس کے جلال کے لیے الگ ہوں۔ میں آزاد چلتا ہوں، یسوع کے نام پر۔ آمین۔

دن 4 :لعنتی اشیاء ۔ وہ دروازے جو ناپاک کرتے ہیں۔

”نہ تو اپنے گھر میں کوئی مکروہ چیز نہ لانا ورنہ تجھ پر بھی اُس جیسی لعنت کی جائے“۔ —استثنا 7:26

ایک پوشیدہ اندراج بہت سے نظر انداز

ہر ملکیت صرف ایک ملکیت نہیں ہے۔ کچھ چیزیں تاریخ کے ساتھ ہوتی ہیں۔ دوسرے روحیں لے جاتے ہیں۔ ملعون اشیاء صرف بت یا نمونے نہیں ہیں ۔ وہ کتابیں، زیورات، مجسمے، علامتیں، تحائف، کپڑے، یا یہاں تک کہ وراثت میں ملنے والی وراثتیں بھی ہوسکتی ہیں جو کبھی تاریک قوتوں کے لیے وقف تھیں۔ آپ کے شیلف پر کیا ہے، آپ کی کلائی، آپ کی دیوار ۔ آپ کی زندگی میں عذاب کے لیے داخلے کا ایک نقطہ ہو سکتا ہے۔

عالمی مشاہدات

- **افریقہ** : جادوگرنی ڈاکٹروں یا آبائی پوجا کے ساتھ بندھے کالاباش، دلکش، اور کڑا۔
- **ایشیا** : تعویذ، رقم کے مجسمے، اور مندر کے تحائف۔
- **لاطینی امریکہ** : سانٹیریا کے ہار، گڑیا، روح کے نقشوں والی موم بتیاں۔
- **شمالی امریکہ** : ٹیرو کارڈز، اوئیجا بورڈز، خواب پکڑنے والے، خوفناک یادگار۔
- **یورپ** : کافروں کے آثار، جادوئی کتابیں، جادوگرنی پر مبنی لوازمات۔

یوروپ میں ایک جوڑے کو بالی میں چھٹیوں سے واپس آنے کے بعد اچانک بیماری اور روحانی جبر کا سامنا کرنا پڑا۔ بے خبر، انہوں نے ایک کھدی ہوئی مورتی خریدی تھی جو ایک مقامی سمندری دیوتا کے لیے وقف تھی۔ نماز اور فہم کے بعد، انہوں نے اس چیز کو ہٹا دیا اور اسے جلا دیا. امن فوراً لوٹ آیا۔

گریٹر ایکسپلائٹس کی شہادتوں سے تعلق رکھنے والی ایک اور خاتون نے ناقابل وضاحت ڈراؤنے خوابوں کی اطلاع دی، یہاں تک کہ یہ انکشاف ہوا کہ اس کی خالہ کی طرف سے تحفے میں دیا گیا ہار درحقیقت ایک روحانی نگرانی کا آلہ تھا جسے ایک مزار میں مقدس کیا گیا تھا۔

آپ اپنے گھر کو صرف جسمانی طور پر ہی صاف نہیں کرتے - آپ کو اسے روحانی طور پر بھی صاف کرنا چاہیے۔

"گواہی: "وہ گڑیا جس نے مجھے دیکھا

لورڈیس والڈیویا، جس کی کہانی ہم نے پہلے جنوبی امریکہ سے دریافت کی تھی، ایک بار خاندانی جشن کے دوران چینی مٹی کے برتن کی گڑیا موصول ہوئی تھی۔ اس کی ماں نے اسے ایک جادوئی رسم میں مقدس کیا تھا۔ رات سے اسے اپنے کمرے میں لایا گیا، لارڈس نے آوازیں سننا شروع کر دیں، نیند میں فالج کا سامنا کرنا پڑا، اور رات کو اعداد و شمار دیکھنا شروع کر دیے۔

یہ اس وقت تک نہیں تھا جب تک کہ ایک عیسائی دوست نے اس کے ساتھ دعا نہیں کی اور روح القدس نے گڑیا کی اصلیت کو ظاہر کیا کہ اس نے اس سے چھٹکارا حاصل کیا۔ فوراً ہی شیطانی وجود وہاں سے چلا گیا۔ اس سے اس کی بیداری شروع ہوئی — جبر سے نجات تک۔

ایکشن پلان - ہاؤس اینڈ ہارٹ آڈٹ

1. مسح کرنے والے تیل اور کلام کے ساتھ اپنے گھر کے **ہر کمرے میں چہل قدمی کریں ۔**
2. **روح القدس سے** ان چیزوں یا تحائف کو اجاگر کرنے کے لیے کہو جو خدا کی طرف سے نہیں ہیں۔
3. جادو، بت پرستی، یا غیر اخلاقی چیزوں سے منسلک اشیاء کو **جلانا یا ضائع کرنا ۔**
4. **:تمام دروازے بند کریں** جیسے
   - استثنا 7:26
   - اعمال 19:19
   - کرنتھیوں 18-6:16 2

گروپ ڈسکشن اور ایکٹیویشن

- کسی بھی ایسی اشیاء یا تحائف کا اشتراک کریں جو آپ کے پاس ایک بار تھا جس کے آپ کی زندگی میں غیر معمولی اثرات تھے۔
- ایک ساتھ "ہاؤس کلینزنگ چیک لسٹ" بنائیں۔
- شراکت داروں کو ایک دوسرے کے گھر کے ماحول میں (اجازت کے ساتھ) نماز ادا کرنے کے لیے تفویض کریں۔
- مقامی نجات کے وزیر کو گھر کی صفائی کی پیشن گوئی کی نماز کی امامت کے لیے مدعو کریں۔

وزارت کے لیے اوزار: مسح کرنے والا تیل، عبادت کی موسیقی، ردی کی ٹوکری کے تھیلے (حقیقی طور پر ضائع کرنے کے لیے)، اور تباہ ہونے والی اشیاء کے لیے آگ سے محفوظ کنٹینر۔

کلیدی بصیرت

آپ اپنی جگہ میں جس چیز کی اجازت دیتے ہیں وہ آپ کی زندگی میں روحوں کو اختیار کر سکتا ہے۔

عکاسی جرنل

- میرے گھر یا الماری میں کون سی چیزیں غیر واضح روحانی ہیں؟
- کیا میں نے جذباتی قدر کی وجہ سے کسی چیز کو تھام رکھا ہے جسے اب مجھے چھوڑنے کی ضرورت ہے؟
- کیا میں روح القدس کے لیے اپنی جگہ کو پاک کرنے کے لیے تیار ہوں؟

صفائی کی دعا

خداوند یسوع، میں آپ کی روح القدس کو دعوت دیتا ہوں کہ وہ میرے گھر میں کسی بھی چیز کو بے نقاب کرے جو آپ کی نہیں ہے۔ میں ہر اس لعنتی شے، تحفہ یا شے کو ترک کرتا ہوں جو اندھیرے سے جڑی ہوئی تھی۔ میں اپنے گھر کو مقدس زمین کا اعلان کرتا ہوں۔ آپ کا امن اور پاکیزگی یہاں رہنے دو۔ یسوع کے نام پر۔ آمین۔

دن 5: دلکش اور دھوکہ دہی - تقویٰ کی روح سے آزاد ہونا

"یہ لوگ خدائے بزرگ و برتر کے بندے ہیں جو ہمیں نجات کی راہ بتاتے ہیں۔" — اعمال 16:17 (NKJV)
لیکن پولس نے بہت غصہ کیا، پلٹا اور روح سے کہا، 'میں تمہیں یسوع مسیح کے نام سے حکم دیتا ہوں کہ اس میں سے نکل آؤ!' اور وہ اسی گھڑی باہر آیا۔ —اعمال 16:18

پیشن گوئی اور قیاس کے درمیان ایک پتلی لکیر ہے - اور آج بہت سے لوگ جانے بغیر بھی اسے عبور کر رہے ہیں۔

"نبیوں سے لے کر YouTube ذاتی الفاظ" کے لیے فیس لینے والے صحیفوں کا حوالہ دینے والے سوشل میڈیا ٹیرو ریڈرز تک، دنیا روحانی شور کا بازار بن چکی ہے۔ اور افسوسناک بات یہ ہے کہ بہت سے مومنین نادانستہ طور پر آلودہ ندیوں سے پانی پی رہے ہیں۔

قیاس کی روح روح القدس کی نقل کرتی ہے۔ یہ چاپلوسی کرتا ہے، بہکاتا ہے، جذبات کو جوڑتا ہے، اور اپنے شکار کو قابو کے جال میں پھنساتا ہے۔ اس کا مقصد؟ **روحانی طور پر الجھانا، دھوکہ دینا، اور غلام بنانا۔**

جہالت کے عالمی تاثرات

- پادری، پانی کی روح کے ذرائع، پیشن Ifá، **افریقہ** - اوریکلز گوئی کی دھوکہ دہی۔
- **ایشیا** - پام ریڈر، نجومی، آبائی سیر، تناسخ "انبیاء۔"
- **لاطینی امریکہ** - سانٹیریا انبیاء، دلکش بنانے والے، تاریک طاقتوں والے سنت۔
- **یورپ** - ٹیرو کارڈز، دعویدار، درمیانے حلقے، نیو ایج چینلنگ۔
- **شمالی امریکہ**، - "عیسائی" نفسیات، گرجا گھروں میں شماریات فرشتہ کارڈ، روح القدس کے بھیس میں روحانی رہنما۔

جو چیز خطرناک ہے وہ صرف وہی نہیں جو وہ کہتے ہیں - بلکہ اس کے پیچھے **روح ہے۔**

سے مسیح تک Clairvoyant :گواہی

ایک امریکی خاتون نے یوٹیوب پر گواہی دی کہ کس طرح وہ "عیسائی پیغمبر" ہونے سے یہ محسوس کر رہی ہے کہ وہ جہالت کے جذبے کے ،تحت کام کر رہی ہے۔ اس نے رویا کو واضح طور پر دیکھنا شروع کیا تفصیلی پیشن گوئی کے الفاظ بتائے، اور آن لائن بڑی تعداد میں ہجوم کھینچنا شروع کیا۔ لیکن اس نے ڈپریشن، ڈراؤنے خوابوں کا بھی مقابلہ کیا اور ہر سیشن کے بعد سرگوشی کی آوازیں سنی۔

اعمال 16 پر ایک درس دیکھتے ہوئے ، ترازو گر گیا۔ اسے احساس ہوا کہ اس نے کبھی بھی روح القدس کے حوالے نہیں کیا تھا - صرف اس کے تحفے کے لیے۔ گہری توبہ اور نجات کے بعد، اس نے اپنے فرشتہ ،کارڈز اور رسومات سے بھرے روزے کے جریدے کو تباہ کر دیا۔ آج وہ یسوع کی تبلیغ کرتی ہے، اب "الفاظ" نہیں۔

ایکشن پلان - روحوں کی جانچ

1. پوچھیں: کیا یہ لفظ/تحفہ مجھے **مسیح کی طرف کھینچتا ہے** ، یا دینے والے **کی طرف؟**
2. یوحنا 4: 1-3 کے ساتھ ہر روح کی جانچ کریں - 1
3. نفسیاتی، جادوئی، یا جعلی پیشن گوئی کے طریقوں کے ساتھ کسی بھی ملوث ہونے کے لئے توبہ کریں۔
4. جھوٹے نبیوں، جادوگروں، یا جادو ٹونے کے انسٹرکٹرز (یہاں تک کہ آن لائن بھی) کے ساتھ روح کے تمام رشتے توڑ دیں۔
5. :دلیری کے ساتھ اعلان کریں

میں ہر جھوٹی روح کو رد کرتا ہوں۔ میں صرف یسوع سے تعلق رکھتا" "!ہوں۔ میرے کان اس کی آواز پر لگے ہوئے ہیں

گروپ کی درخواست

- بحث کریں: کیا آپ نے کبھی کسی نبی یا روحانی رہنما کی پیروی کی ہے جو بعد میں جھوٹا نکلا؟
- گروپ ایکسرسائز: ممبران کی رہنمائی کریں کہ وہ مخصوص طریقوں جیسے علم نجوم، روح کی پڑھائی، نفسیاتی کھیل، یا روحانی اثر انداز کرنے والے جن کی جڑیں مسیح میں نہیں ہیں۔
- روح القدس کو مدعو کریں: خاموشی اور سننے کے لیے 10 منٹ کا وقت دیں۔ پھر جو کچھ خدا ظاہر کرتا ہے اسے شیئر کریں۔
- کتابیں، ایپس، ویڈیوز، یا نوٹوں سمیت جادو سے متعلق ڈیجیٹل/جسمانی اشیاء کو جلا یا حذف کریں۔

وزارت کے اوزار:

ڈیلیورینس آئل، کراس (جمع کرانے کی علامت)، علامتی اشیاء کو ضائع کرنے کے لیے بن/بالٹی، روح القدس پر مرکوز عبادت موسیقی۔

کلیدی بصیرت

تمام مافوق الفطرت خدا کی طرف سے نہیں ہے۔ سچی پیشن گوئی مسیح کے ساتھ قربت سے نکلتی ہے نہ کہ ہیرا پھیری یا تماشے سے۔

عکاسی جرنل

- کیا میں کبھی نفسیاتی یا جوڑ توڑ کے روحانی طریقوں کی طرف راغب ہوا ہوں؟
- کیا میں خدا کے کلام سے زیادہ "الفاظ" کا عادی ہوں؟
- میں نے کن آوازوں تک رسائی دی ہے کہ اب خاموش ہونے کی ضرورت ہے؟

نجات کی دعا

باپ، میں ہر قسم کی قیاس آرائی، ہیرا پھیری اور جھوٹی پیشن گوئی سے اتفاق کرتا ہوں۔ میں تیری آواز سے ہٹ کر ہدایت کی تلاش میں توبہ کرتا ہوں۔ میرے دماغ، میری روح اور میری روح کو صاف کر۔ مجھے اکیلے اپنی روح سے چلنا سکھاؤ۔ میں ہر وہ دروازہ بند کرتا ہوں جو میں نے جادو کے لیے کھولا تھا، دانستہ یا نادانستہ۔ میں اعلان کرتا ہوں کہ یسوع میرا چرواہا ہے، اور میں صرف اس کی آواز سنتا ہوں۔ یسوع کے عظیم نام میں، آمین۔

دن 6 :آنکھ کے دروازے - اندھیرے کے پورٹلز کو بند کرنا

آنکھ جسم کا چراغ ہے، اگر آپ کی آنکھیں صحت مند ہوں گی تو آپ کا"
"سارا جسم روشنی سے بھر جائے گا۔
- 6:22 میتھیو (NIV)
میں اپنی آنکھوں کے سامنے کوئی بری چیز نہیں رکھوں گا..." - زبور"
101:3 (KJV)

روحانی دائرے میں، **آپ کی آنکھیں دروازے ہیں۔** جو چیز آپ کی آنکھوں سے داخل ہوتی ہے وہ آپ کی روح کو متاثر کرتی ہے — پاکیزگی یا آلودگی کے لیے۔ یہ دشمن جانتا ہے۔ یہی وجہ ہے کہ میڈیا، تصاویر، پورنوگرافی، ہارر فلمیں، جادوئی علامتیں، فیشن کے رجحانات اور پرکشش مواد میدان جنگ بن چکے ہیں۔

آپ کی توجہ کی جنگ آپ کی روح کی جنگ ہے۔

جس چیز کو بہت سے لوگ "بے ضرر تفریح" سمجھتے ہیں وہ اکثر ایک کوڈڈ دعوت ہوتی ہے — ہوس، خوف، ہیرا پھیری، غرور، باطل، بغاوت، یا یہاں تک کہ شیطانی وابستگی۔

بصری تاریکی کے عالمی گیٹ ویز

- **افریقہ** - رسمی فلمیں، نولی ووڈ تھیمز جو جادو ٹونے اور تعدد ازدواج کو معمول بناتی ہیں۔
- **ایشیا** - روحانی پورٹلز کے ساتھ موبائل فونز اور مانگا، موہک اسپرٹ، آسٹرل ٹریول۔
- **یورپ** - گوتھک فیشن، ہارر فلمیں، ویمپائر کے جنون، شیطانی فن۔
- جادو ٹونے، لعنت اور انتقام کی Telenovelas - **لاطینی امریکہ** تعریف کرتے ہیں۔
- **شمالی امریکہ**، - مین اسٹریم میڈیا، میوزک ویڈیوز، پورنوگرافی پیارا" شیطانی کارٹون۔"

جس چیز کو آپ مسلسل دیکھتے رہتے ہیں، آپ اس سے بے حس ہو جاتے ہیں۔

کہانی: "وہ کارٹون جس نے میرے بچے پر لعنت بھیجی"

امریکہ سے تعلق رکھنے والی ایک ماں نے دیکھا کہ اس کا 5 سالہ بچہ، رات کے وقت چیخنا اور پریشان کن تصاویر بنانے لگا۔ دعا کے بعد روح القدس نے اسے ایک کارٹون کی طرف اشارہ کیا جو اس کا بیٹا چپکے سے دیکھ رہا تھا ۔ جو منتروں، بات کرنے والی روحوں اور علامتوں سے بھرا ہوا تھا جس پر اس نے توجہ نہیں دی تھی۔

اس نے شوز کو حذف کردیا اور اپنے گھر اور اسکرینوں کو مسح کیا۔ آدھی رات کی دعا اور زبور 91 کی کئی راتوں کے بعد، حملے بند ہو گئے، اور لڑکا سکون سے سونے لگا۔ اب وہ ایک سپورٹ گروپ کی قیادت کرتی ہے جو والدین کو اپنے بچوں کے بصری دروازوں کی حفاظت میں مدد کرتی ہے۔

ایکشن پلان - آنکھ کے دروازے کو صاف کرنا

1. **میڈیا آڈٹ کریں**: آپ کیا دیکھ رہے ہیں؟ پڑھنا۔ سکرولنگ؟
2. ان سبسکرپشنز یا پلیٹ فارمز کو منسوخ کریں جو آپ کے عقیدے کے بجائے آپ کا گوشت کھاتے ہیں۔
3. زبور 101:3 کا اعلان کرتے ہوئے اپنی آنکھوں اور پردے پر مسح کریں۔
4. کوڑے کو خدائی ان پٹ سے بدل دیں — دستاویزی فلمیں عبادت، خالص تفریح۔
5. اعلان کریں:

"میں اپنی آنکھوں کے سامنے کوئی بری چیز نہیں رکھوں گا، میری نظر خدا کی ہے۔"

گروپ کی درخواست

- چیلنج: 7 دن کا آئی گیٹ فاسٹ — کوئی زہریلا میڈیا نہیں، کوئی بیکار سکرولنگ نہیں۔

- شیئر کریں: روح القدس نے آپ کو کون سا مواد دیکھنا بند کرنے کو کہا ہے؟
- ورزش: اپنی آنکھوں پر ہاتھ رکھیں اور بصارت کے ذریعے کسی بھی قسم کی ناپاکی کو ترک کریں (مثلاً فحش نگاری، وحشت، باطل)۔
- سرگرمی: اراکین کو ایپس کو حذف کرنے، کتابیں جلانے، یا ان کی بینائی کو خراب کرنے والی اشیاء کو ضائع کرنے کے لیے مدعو کریں۔

ٹولز: زیتون کا تیل، احتسابی ایپس، سکریپچر اسکرین سیور، آئی گیٹ نماز کارڈ۔

کلیدی بصیرت

آپ بدروحوں پر اختیار میں نہیں چل سکتے اگر آپ ان کے ذریعہ تفریح کرتے ہیں۔

عکاسی جرنل

- میں اپنی آنکھوں کو کیا کھلاؤں جو میری زندگی میں اندھیروں کو پال رہی ہو؟
- میں آخری بار کب رویا تھا جس سے خدا کا دل ٹوٹتا ہے؟
- کیا میں نے اپنے اسکرین ٹائم پر روح القدس کو مکمل کنٹرول دیا ہے؟

طہارت کی دعا

خداوند یسوع، میں اپنی آنکھوں پر دھونے کے لیے آپ کا خون مانگتا ہوں۔ مجھے ان چیزوں کے لیے معاف کر دیں جن کی میں نے اپنی اسکرینوں، کتابوں اور تخیلات کے ذریعے اجازت دی ہے۔ آج، میں اعلان کرتا ہوں کہ میری آنکھیں روشنی کے لیے ہیں، اندھیرے کے لیے نہیں۔ میں ہر تصویر، ہوس اور اثر کو رد کرتا ہوں، تیری طرف سے نہیں۔ میری روح کو پاک کر دے۔ میری نظروں کی حفاظت کرو۔ اور مجھے وہ دیکھنے دو جو آپ دیکھتے ہیں — تقدس اور سچائی میں۔ آمین۔

دن 7 :ناموں کے پیچھے طاقت - ناپاک شناختوں کو ترک کرنا

اور یابیز نے اسرائیل کے خدا کو پکارا، 'کاش تو مجھے واقعی برکت"
"دے...' تو خدا نے اس کی مانگ کی اسے پورا کیا۔
تواریخ 1 4:10 -
اب آپ ابرام نہیں بلکہ ابراہیم کہلائیں گے..." - پیدائش 17:5"

نام صرف لیبل نہیں ہیں - وہ روحانی اعلانات ہیں۔ صحیفے میں، نام اکثر تقدیر، شخصیت، یا یہاں تک کہ غلامی کی عکاسی کرتے ہیں۔ کسی چیز — کا نام رکھنا اسے پہچان اور سمت دینا ہے۔ دشمن اس کو سمجھتا ہے اسی لیے بہت سے لوگ نادانستہ طور پر جہالت، درد، یا روحانی غلامی میں دیے گئے ناموں میں پھنس گئے ہیں۔

جس طرح خُدا نے نام بدلے (ابرام سے ابراہیم، یعقوب سے اسرائیل، سارہ سے سارہ)، وہ اب بھی اپنے لوگوں کا نام بدل کر تقدیر بدلتا ہے۔

نام کی پابندی کے عالمی سیاق و سباق

- **افریقہ** - مردہ آباؤ اجداد یا بتوں کے نام پر رکھے گئے بچے ("اوگبانجے،" "ڈائیک،" "افونیا" کے معنی سے منسلک)۔
- **ایشیا** - کارمک سائیکل یا دیوتاؤں سے جڑے ہوئے تناسخ کے نام۔
- **،یورپ** – کافر یا جادوگرنی کے ورثے میں جڑے نام (مثلاً فرییا، تھور، مرلن)۔
- **لاطینی امریکہ** - سانٹیریا سے متاثر نام، خاص طور پر روحانی بپتسمہ کے ذریعے۔
- **شمالی امریکہ** - پاپ کلچر، بغاوت کی تحریکوں، یا آبائی وقفوں سے لیے گئے نام۔

نام اہم ہیں - اور وہ طاقت، برکت، یا غلامی لے سکتے ہیں۔

"کہانی: "مجھے اپنی بیٹی کا نام کیوں بدلنا پڑا

گریٹر ایکسپلائٹس 14 میں ، ایک نائیجیرین جوڑے نے اپنی بیٹی کا نام اماکا" رکھا، جس کا مطلب ہے "خوبصورت"، لیکن وہ ایک نایاب" بیماری کا شکار ہوگئی جس نے ڈاکٹروں کو حیران کردیا۔ ایک پیشن گوئی کانفرنس کے دوران، ماں کو وحی موصول ہوئی: یہ نام ایک بار اس کی دادی، ایک ڈائن ڈاکٹر کے ذریعہ استعمال کیا گیا تھا، جس کی روح اب بچے کا دعوی کر رہی تھی۔

رکھ دیا (خدا نے مجھے "Oluwatamilore" انہوں نے اس کا نام بدل کر برکت دی)، اس کے بعد روزے اور دعائیں کیں۔ بچہ مکمل صحت یاب ہو گیا۔

ہندوستان سے ایک اور کیس میں "کرما" نامی ایک شخص شامل تھا، جو نسل در نسل لعنتوں سے لڑ رہا تھا۔ ہندو تعلقات کو ترک کرنے اور اپنا نام بدل کر "جوناتھن" رکھنے کے بعد، اس نے مالیات اور صحت میں پیش رفت کا تجربہ کرنا شروع کیا۔

ایکشن پلان - آپ کے نام کی چھان بین

1. ،اپنے ناموں کے مکمل معنی کی تحقیق کریں - پہلا، درمیانی کنیت۔
2. والدین یا بزرگوں سے پوچھیں کہ آپ کو یہ نام کیوں دیئے گئے۔
3. نماز میں منفی روحانی معنی یا لگن کو ترک کریں۔
4. :مسیح میں اپنی الہی شناخت کا اعلان کریں

مجھے خدا کے نام سے پکارا جاتا ہے۔ میرا نیا نام آسمان پر لکھا ہوا ہے" "(مکاشفہ 2:17)۔

گروپ مصروفیت

- اراکین سے پوچھیں: آپ کے نام کا کیا مطلب ہے؟ کیا آپ نے اس میں شامل خواب دیکھے ہیں؟

- ایک "نام رکھنے کی دعا" کریں - پیشن گوئی کے ساتھ ہر شخص کی شناخت کا اعلان کریں۔
- ان لوگوں پر ہاتھ ڈالو جنہیں عہدوں یا آبائی غلامی میں بندھے ہوئے ناموں سے الگ کرنے کی ضرورت ہے۔

اوزار: نام کا مطلب کارڈ پرنٹ کریں، مسح کرنے والا تیل لائیں، نام کی تبدیلی کے صحیفے استعمال کریں۔

کلیدی بصیرت

آپ جھوٹے کا جواب دیتے ہوئے اپنی حقیقی شناخت پر نہیں چل سکتے۔

عکاسی جرنل

- میرے نام کا کیا مطلب ہے — روحانی اور ثقافتی طور پر؟
- کیا میں اپنے نام کے ساتھ مطابقت رکھتا ہوں یا اس کے ساتھ متصادم محسوس کرتا ہوں؟
- جنت مجھے کس نام سے پکارتی ہے؟

نام بدلنے کی دعا

باپ، یسوع کے نام پر، میں مسیح میں مجھے ایک نئی شناخت دینے کے لیے آپ کا شکریہ ادا کرتا ہوں۔ میں اپنے ناموں سے جڑی ہر لعنت، عہد یا شیطانی بندھن کو توڑتا ہوں۔ میں ہر اس نام کو ترک کرتا ہوں جو آپ کی مرضی کے مطابق نہیں ہے۔ مجھے وہ نام اور شناخت ملتی ہے جو آسمان نے مجھے دیا ہے - طاقت، مقصد اور پاکیزگی سے بھرا ہوا ہے۔ یسوع کے نام میں، آمین۔

- دن 8 :جھوٹی روشنی کو بے نقاب کرنا نئے دور کے جال اور فرشتوں کے دھوکے

اور کوئی تعجب کی بات نہیں کیونکہ شیطان خود اپنے آپ کو نور کے" فرشتے میں بدل دیتا ہے۔" - 2 کرنتھیوں 11:14
عزیز، ہر ایک روح پر یقین نہ کرو بلکہ روحوں کو جانچو کہ وہ خدا" کی طرف سے ہیں یا نہیں..." - 1 یوحنا 4:1

جو چمکتا ہے وہ سب خدا نہیں ہے۔

آج کی دنیا میں، لوگوں کی بڑھتی ہوئی تعداد خدا کے کلام سے باہر روشنی"، "شفا" اور "توانائی" تلاش کرتی ہے۔ وہ مراقبہ، یوگا قربان" گاہوں، تیسری آنکھ کی سرگرمیاں، آبائی سمن، ٹیرو ریڈنگ، چاند کی رسومات، فرشتہ چینلنگ، اور یہاں تک کہ عیسائی آواز دینے والے تصوف کی طرف رجوع کرتے ہیں۔ دھوکہ مضبوط ہے کیونکہ یہ اکثر امن، خوبصورتی اور طاقت کے ساتھ آتا ہے - پہلے تو۔

لیکن ان تحریکوں کے پیچھے جہالت کی روحیں، جھوٹی پیشن گوئی اور قدیم دیوتا ہیں جو لوگوں کی روحوں تک قانونی رسائی حاصل کرنے کے لیے روشنی کا ماسک پہنتے ہیں۔

جھوٹی روشنی کی عالمی رسائی

- ،**شمالی امریکہ** - کرسٹل، بابا کی صفائی، کشش کا قانون نفسیات، اجنبی روشنی کے کوڈز۔
- ،**یورپ** - دوبارہ برانڈڈ کافر پرستی، دیوی پوجا، سفید جادو روحانی تہوار۔
- **لاطینی امریکہ** - سانٹیریا کیتھولک سنتوں، روحانی علاج کرنے والوں (کورینڈروس) کے ساتھ ملا ہوا ہے۔
- **افریقہ** - فرشتوں کی قربان گاہوں اور رسمی پانی کا استعمال کرتے ہوئے پیغمبرانہ نقل۔
- **ایشیا** - چکر، یوگا "روشن خیالی،" تناسخ کی مشاورت، مندر کی روح۔

یہ طرز عمل عارضی طور پر "روشنی" پیش کر سکتے ہیں، لیکن یہ وقت کے ساتھ ساتھ روح کو تاریک کر دیتے ہیں۔

گواہی: اس روشنی سے نجات جس نے دھوکہ دیا۔

گریٹر ایکسپلائٹس 14 سے ، مرسی (یو کے) فرشتوں کی ورکشاپس میں شرکت کر رہی تھی اور بخور، کرسٹل اور فرشتہ کارڈز کے ساتھ مسیحی" مراقبہ کی مشق کر رہی تھی۔ اسے یقین تھا کہ وہ خدا کی" روشنی تک رسائی حاصل کر رہی ہے، لیکن جلد ہی اس نے اپنی نیند کے دوران آوازیں سننا شروع کر دیں اور رات کو غیر واضح خوف محسوس کیا۔

The Jameses اس کی نجات اس وقت شروع ہوئی جب کسی نے اسے تحفے میں دیا ، اور اسے اپنے تجربات اور ایک سابق Exchange شیطان پرست کے تجربات کے درمیان مماثلت کا احساس ہوا جس نے فرشتوں کے دھوکے کی بات کی۔ اس نے توبہ کی، تمام مخفی چیزوں کو تباہ کر دیا، اور مکمل نجات کی دعائیں مانگیں۔

آج، وہ گرجا گھروں میں نئے دور کے فریب کے خلاف دلیری سے گواہی دے رہی ہے اور دوسروں کی بھی اسی طرح کے راستے ترک کرنے میں مدد کی ہے۔

ایکشن پلان - روحوں کی جانچ

1. **اپنے طرز عمل اور عقائد کی فہرست بنائیں** — کیا وہ کلام کے مطابق ہیں یا صرف روحانی محسوس کرتے ہیں؟
2. : تمام جھوٹے روشنی والے مواد کو **ترک کر کے تباہ کر دیں کرسٹل، یوگا مینوئل، اینجل کارڈز، ڈریم کیچرز وغیرہ۔**
3. **دعا کریں زبور 119:105** — خدا سے دعا کریں کہ وہ اپنے کلام کو اپنا واحد نور بنائے۔
4. **الجھن کے خلاف جنگ کا اعلان کریں** - مانوس روحوں اور جھوٹے انکشافات کو باندھیں۔

گروپ کی درخواست

- **"بحث کریں** : کیا آپ یا آپ کا کوئی جاننے والا "روحانی طریقوں کی طرف راغب ہوا ہے جو یسوع پر مرکوز نہیں تھا؟
- **رول پلے ڈسکرنمنٹ** : "روحانی" اقوال کے اقتباسات پڑھیں (مثلاً، "کائنات پر بھروسہ کریں") اور ان کا صحیفے سے موازنہ کریں۔
- **مسح اور نجات کا سیشن : قربان گاہوں کو جھوٹی روشنی سے توڑ دیں اور** دنیا کی روشنی کے عہد کے ساتھ تبدیل کریں (جان 8:12)-

: وزارت کے اوزار

- آبجیکٹ ٹیچنگ کے لیے اصل نئے دور کی اشیاء (یا ان کی تصاویر) لائیں۔
- مانوس روحوں کے خلاف نجات کی دعا کریں (دیکھیں اعمال 16:16-18)-

کلیدی بصیرت

شیطان کا سب سے خطرناک ہتھیار اندھیرا نہیں ہے - یہ جعلی روشنی ہے۔

عکاسی جرنل

- کیا میں نے "روشنی" تعلیمات کے ذریعے روحانی دروازے کھولے ہیں جن کی جڑیں کلام پاک میں نہیں ہیں؟
- کیا میں روح القدس پر بھروسہ کرتا ہوں یا وجدان اور توانائی میں؟
- کیا میں خدا کی سچائی کے لیے تمام قسم کی جھوٹی روحانیت کے حوالے کرنے کو تیار ہوں؟

استغفار کی دعا

باپ ، میں ہر اس طریقے سے توبہ کرتا ہوں جس سے میں نے جھوٹی روشنی کے ساتھ تفریح کی ہے یا مشغول کیا ہے۔ میں نئے دور، جادو ٹونے، اور دھوکہ دہی کی روحانیت کی تمام شکلوں کو ترک کرتا ہوں۔ میں فرشتوں کے جعل سازوں، روحانی رہنماوں، اور جھوٹے انکشافات سے ہر روح کے بندھن کو توڑ دیتا ہوں۔ میں یسوع کو قبول کرتا ہوں دنیا کی حقیقی روشنی۔ میں اعلان کرتا ہوں کہ میں یسوع کے نام پر آپ کے سوا کسی اور آواز کی پیروی نہیں کروں گا۔ آمین۔

دن 9 :خون کی قربان گاہ - وہ عہد جو زندگی کا مطالبہ کرتے ہیں

اور اُنہوں نے بعل کے اونچے مقام بنائے... اپنے بیٹوں اور بیٹیوں کو" آگ میں سے مولک کے پاس جانے کے لیے۔" - یرمیاہ 32:35
اور اُنہوں نے برّہ کے خون اور اپنی گواہی کے لفظ سے اُس پر غالب" آئے..." - مکاشفہ 12:11

ایسی قربان گاہیں ہیں جو صرف آپ کی توجہ کی درخواست نہیں کرتی ہیں - وہ آپ کے خون کا مطالبہ کرتی ہیں۔

زمانہ قدیم سے لے کر آج تک، خون کے عہد تاریکی کی بادشاہی کا بنیادی عمل رہا ہے۔ کچھ جان بوجھ کر جادو ٹونے، اسقاط حمل، رسمی قتل، یا جادو کی شروعات کے ذریعے داخل ہوتے ہیں۔ دوسروں کو آبائی طریقوں کے ذریعے وراثت میں ملا ہے یا غیر دانستہ طور پر روحانی جہالت کے ذریعے شامل ہو گئے ہیں۔

جہاں بھی بے گناہوں کا خون بہایا جاتا ہے — خواہ مزاروں میں، خواب گاہوں میں، یا بورڈ رومز میں — ایک شیطانی قربان گاہ بولتی ہے۔
،یہ قربان گاہیں زندگی کا دعویٰ کرتی ہیں، مختصر تقدیر کو کاٹتی ہیں اور شیطانی مصیبت کے لیے قانونی بنیاد بناتی ہیں۔

خون کی عالمی قربان گاہیں

- **افریقہ** - رسمی قتل، پیسے کی رسم، بچوں کی قربانیاں، پیدائش کے وقت خون کے معاہدے۔
- **ایشیا** - مندر کے خون کی پیشکش، اسقاط حمل یا جنگی حلف کے ذریعے خاندان کی لعنت۔
- **لاطینی امریکہ** - سانٹیریا جانوروں کی قربانیاں، مرنے والوں کی روحوں کو خون کی پیشکش۔
- **شمالی امریکہ** - اسقاط حمل کے طور پر مقدس نظریہ، شیطانی خون کے حلف برادران۔
- کے دور WW ،**یورپ** - قدیم ڈریوڈ اور فری میسن کی رسومات کی خونریزی کی قربان گاہیں اب بھی توبہ نہیں کی گئیں۔

یہ عہد، جب تک ٹوٹے نہیں، زندگی کا دعویٰ کرتے رہتے ہیں، اکثر چکروں میں۔

سچی کہانی: ایک باپ کی قربانی

ڈیلیورڈ فرام دی پاور آف ڈارکنیس میں ، وسطی افریقہ سے تعلق رکھنے والی ایک خاتون نے نجات کے سیشن کے دوران دریافت کیا کہ موت کے ساتھ اس کے بار بار برش کرنا اس کے والد کے خون کے حلف سے جڑا ہوا تھا۔ اس نے برسوں کی بانجھ پن کے بعد دولت کے بدلے اس کی جان دینے کا وعدہ کیا تھا۔
اس کے والد کی موت کے بعد، اس نے ہر سال اپنی سالگرہ کے موقع پر سائے دیکھنا شروع کر دیا اور قریب قریب مہلک حادثات کا سامنا کرنا پڑا۔ اس کی پیشرفت اس وقت ہوئی جب اسے زبور 118:17 کا اعلان کرنے کے لیے لے جایا گیا - "میں نہیں مروں گا بلکہ زندہ رہوں گا..." - روزانہ اپنے اوپر، اس کے بعد ترک کرنے کی دعاؤں اور روزوں کا ایک سلسلہ شروع ہوا۔ آج، وہ ایک طاقتور شفاعتی وزارت کی قیادت کر رہی ہیں۔
گریٹر ایکسپلائٹس 14 کا ایک اور اکاؤنٹ لاطینی امریکہ میں ایک ایسے شخص کی وضاحت کرتا ہے جس نے ایک گینگ کی شروعات میں حصہ لیا جس میں خون بہانا شامل تھا۔ برسوں بعد، مسیح کو قبول کرنے کے بعد بھی، اس کی زندگی مسلسل ہنگامہ آرائی میں تھی — یہاں تک کہ اس نے ایک طویل روزہ، عوامی اعتراف، اور پانی کے بپتسمہ کے ذریعے خون کے عہد کو توڑا۔ عذاب تھم گیا۔

ایکشن پلان - خون کی قربان گاہوں کو خاموش کرنا

1. کسی بھی اسقاط حمل، خفیہ خون کے معاہدوں، یا وراثتی خونریزی کے لیے **توبہ کریں** ۔
2. تمام معلوم اور نامعلوم خون کے معاہدوں کو نام لے کر بلند آواز سے **ترک کر دیں** ۔
3. یسوع کے خون کو اپنے قانونی ڈھانچے کے طور پر اعلان کرتے ہوئے، روزانہ لی جانے والی کمیونین کے ساتھ **3 دن تک روزہ رکھیں** ۔
4. **بلند آواز سے اعلان کریں** :

"یسوع کے خون سے، میں اپنی طرف سے کیے گئے ہر خون کے عہد کو توڑتا ہوں۔

گروپ کی درخواست

- قدرتی خون کے رشتوں اور شیطانی خون کے معاہدوں کے درمیان فرق پر بحث کریں۔
- خون کی قربان گاہوں کی نمائندگی کرنے کے لیے سرخ ربن/دھاگے کا استعمال کریں، اور انہیں پیشن گوئی کے مطابق کاٹنے کے لیے قینچی کا استعمال کریں۔
- کسی ایسے شخص کی گواہی کو مدعو کریں جو خون سے جڑی غلامی سے آزاد ہو گیا ہو۔

وزارت کے اوزار :

- اجتماعی عناصر
- مسح کرنے والا تیل
- نجات کے اعلانات
- اگر ممکن ہو تو موم بتی کی قربان گاہ کو توڑنے والا بصری

کلیدی بصیرت

شیطان خون کا سودا کرتا ہے۔ یسوع نے اپنے ساتھ آپ کی آزادی کے لیے زیادہ ادائیگی کی۔

عکاسی جرنل

- کیا میں نے یا میرے خاندان نے کسی ایسی چیز میں حصہ لیا ہے جس میں خونریزی یا قسمیں شامل ہوں؟
- کیا میرے خون کی لکیر میں بار بار ہونے والی اموات، اسقاط حمل، یا پرتشدد نمونے ہیں؟
- کیا میں نے یسوع کے خون پر پوری طرح بھروسہ کیا ہے کہ وہ اپنی زندگی پر بلند آواز میں بولیں؟

نجات کی دعا

خداوند یسوع ، میں آپ کے قیمتی خون کے لئے آپ کا شکریہ ادا کرتا ہوں جو ہابیل کے خون سے بہتر باتیں کرتا ہے۔ میں خون کے کسی بھی عہد کے لیے توبہ کرتا ہوں جو میں نے یا میرے باپ دادا نے جان بوجھ کر یا انجانے میں کیا تھا۔ میں اب ان کو ترک کرتا ہوں۔ میں اعلان کرتا

ہوں کہ میں برہ کے خون سے ڈھکا ہوا ہوں۔ میری زندگی کا مطالبہ کرنے والی ہر شیطانی قربان گاہ کو خاموش اور بکھر جانے دو۔ میں اس لیے جیتا ہوں کہ تم میرے لیے مر گئے۔ یسوع کے نام میں، آمین۔

دن 10 :بانجھ پن اور ٹوٹ پھوٹ - جب رحم ایک میدان جنگ بن جاتا ہے

تمہاری زمین میں کوئی اسقاط حمل یا بانجھ نہ ہو گا، میں تمہارے دنوں" کی تعداد پوری کروں گا۔" - خروج 23:26
وہ بے اولاد عورت کو ایک خاندان دیتا ہے، اسے ایک خوش ماں بناتا" ہے۔ رب کی تعریف کرو!" —زبور ۱۱۳:۹

بانجھ پن ایک طبی مسئلہ سے زیادہ ہے۔ یہ ایک روحانی گڑھ ہو سکتا ہے جس کی جڑیں گہری جذباتی، آبائی، اور یہاں تک کہ علاقائی لڑائیوں میں بھی ہیں۔

تمام اقوام میں، بانجھ پن کو دشمن شرمندہ کرنے، الگ تھلگ کرنے اور عورتوں اور خاندانوں کو تباہ کرنے کے لیے استعمال کرتا ہے۔ اگرچہ کچھ وجوہات جسمانی ہیں، بہت سی گہری روحانی ہیں - نسلی قربان گاہوں، لعنتوں، روحانی شریک حیات، اسقاط شدہ تقدیر، یا روح کے زخموں سے جڑی ہوئی ہیں۔

ہر بے نتیجہ رحم کے پیچھے جنت کا ایک وعدہ ہے۔ لیکن اکثر ایسی جنگ ہوتی ہے جو حمل سے پہلے لڑی جانی چاہیے - رحم میں اور روح میں۔

بانجھ پن کے عالمی نمونے۔

- **افریقہ** - تعدد ازدواج، آبائی لعنتوں، مزارات کے معاہدوں، اور روحانی بچوں سے منسلک۔
- **ایشیا**، - کرما عقائد، ماضی کی زندگی کی قسمیں، نسلی لعنتیں شرم کی ثقافت۔
- **لاطینی امریکہ** - جادوگرنی سے متاثرہ رحم کی بندش، حسد کے منتر۔
- **یورپ** - IVF حد سے زیادہ انحصار، فری میسنری بچوں کی قربانیاں، اسقاط حمل جرم۔
- **شمالی امریکہ** - جذباتی صدمہ، روح کے زخم، اسقاط حمل کے چکر، ہارمون کو تبدیل کرنے والی ادویات۔

حقیقی کہانیاں - آنسوؤں سے شہادتوں تک
بولیویا (لاطینی امریکہ) سے ماریا

ماریہ کو 5 اسقاط حمل ہوا تھا۔ ہر بار، وہ روتے ہوئے بچے کو پکڑنے کا خواب دیکھتی اور پھر اگلی صبح خون دیکھتی۔ ڈاکٹر اس کی حالت کی وضاحت نہیں کر سکے۔ گریٹر ایکسپلائٹس میں ایک گواہی پڑھنے کے بعد ، اس نے محسوس کیا کہ اسے بانجھ پن کی ایک خاندانی قربان گاہ ایک دادی سے وراثت میں ملی ہے جس نے تمام مادہ رحم ایک مقامی دیوتا کے لیے وقف کر دیے تھے۔
اس نے 14 دن تک روزہ رکھا اور زبور 113 کا اعلان کیا۔ اس کے پادری نے کمیونین کا استعمال کرتے ہوئے عہد کو توڑنے میں اس کی رہنمائی کی۔ نو ماہ بعد اس نے جڑواں بچوں کو جنم دیا۔

نائیجیریا (افریقہ) سے تعلق رکھنے والے
،نگوزی کی شادی 10 سال سے بے اولاد تھی۔ نجات کی دعا کے دوران یہ انکشاف ہوا کہ اس کی شادی ایک سمندری شوہر سے روحانی دائرے سائیکل، وہ جنسی خواب دیکھے گا. آدھی ovulation میں ہوئی تھی۔ ہر رات کی جنگی دعاؤں کے ایک سلسلے کے بعد، اور ماضی کی جادوئی شروعات سے اس کی شادی کی انگوٹھی کو جلانے کے پیشن گوئی کے عمل کے بعد، اس کا رحم کھل گیا۔

ایکشن پلان - رحم کو کھولنا

1. **جڑ کی شناخت کریں** - آبائی، جذباتی، ازدواجی، یا طبی۔
2. **ماضی کے اسقاط حمل** ، روح کے تعلقات، جنسی گناہوں، اور خفیہ لگن سے توبہ کریں۔
3. خروج 23:26 اور زبور 113 کا اعلان کرتے ہوئے **روزانہ اپنے رحم کو مسح کریں** .
4. **3 دن تک روزہ رکھیں** ، اور اپنے رحم سے بندھے ہوئے تمام قربان گاہوں کو مسترد کرتے ہوئے، روزانہ اجتماع کریں۔
5. : **اونچی آواز میں بولیں**

میرا رحم مبارک ہے۔ میں بانجھ پن کے ہر عہد کو مسترد کرتا ہوں۔ میں حاملہ ہوں گا اور روح القدس کی طاقت سے پوری مدت تک لے جاؤں گا!

گروپ کی درخواست

- خواتین (اور جوڑے) کو ایک محفوظ، نماز کی جگہ میں تاخیر کا بوجھ بانٹنے کے لیے مدعو کریں۔
- سرخ اسکارف یا کمر کے گرد بندھے ہوئے کپڑے کا استعمال کریں - پھر آزادی کی علامت کے طور پر پیشن گوئی کے طور پر کھولا جائے۔
- - ایک پیشن گوئی کی "نام رکھنے" کی تقریب کی قیادت کریں بچوں کو ابھی تک ایمان سے پیدا ہونے کا اعلان کریں۔
- دعائیہ حلقوں میں الفاظ کی لعنت، ثقافتی شرم اور خود سے نفرت کو توڑ دیں۔

وزارت کے اوزار:

- زیتون کا تیل (رحم کے مسح)
- کمیونین
- چادریں / شال (اوڑھنے اور نئے پن کی علامت)

کلیدی بصیرت

بانجھ پن کا خاتمہ نہیں ہے - یہ جنگ، ایمان اور بحالی کی دعوت ہے۔
خدا کی تاخیر انکار نہیں ہے۔

عکاسی جرنل

- میری کوکھ سے کون سے جذباتی یا روحانی زخم بندھے ہیں؟
- کیا میں نے شرمندگی یا تلخی کو اپنی امید کی جگہ لینے دیا ہے؟
- کیا میں ایمان اور عمل کے ساتھ بنیادی وجوہات کا مقابلہ کرنے کے لیے تیار ہوں؟

شفا اور تصور کی دعا

باپ ، میں آپ کے کلام پر قائم ہوں جو کہتا ہے کہ زمین میں کوئی بھی بنجر نہیں ہوگا۔ میں ہر جھوٹ، قربان گاہ، اور روح کو مسترد کرتا ہوں جو میری ثمر آوری کو روکنے کے لیے تفویض کیا گیا ہے۔ میں اپنے آپ کو اور دوسروں کو معاف کرتا ہوں جنہوں نے میرے جسم پر برا کہا ہے۔ مجھے شفا، بحالی اور زندگی ملتی ہے۔ میں اپنے رحم کو پھلدار اور اپنی خوشی سے معمور قرار دیتا ہوں۔ یسوع کے نام پر۔ آمین۔

دن 11 :خود کار قوت مدافعت کی خرابی اور دائمی تھکاوٹ - اندر کی غیر مرئی جنگ

جو گھر آپس میں بٹ گیا ہے وہ کھڑا نہیں ہوگا۔" - میتھیو 12:25"
وہ کمزوروں کو طاقت دیتا ہے، اور جن کے پاس طاقت نہیں ہے وہ"
طاقت بڑھاتا ہے۔" —یسعیاہ 40:29

خود سے قوت مدافعت کی بیماریاں وہ ہیں جہاں جسم خود پر حملہ کرتا ہے - اپنے ہی خلیوں کو دشمن سمجھ کر۔ لوپس، رمیٹی سندشوت، ایک سے زیادہ سکلیروسیس، ہاشیموٹو اور دیگر اس گروپ کے تحت آتے ہیں۔

اور دیگر غیر واضح، fibromyalgia، (CFS) دائمی تھکاوٹ سنڈروم تھکن کے عوارض اکثر آٹومیمون جدوجہد کے ساتھ اوورلیپ ہوتے ہیں۔ لیکن حیاتیاتی سے ہٹ کر، بہت سے لوگ جو جذباتی صدمے، روح کے زخم اور روحانی بوجھ اٹھاتے ہیں۔

جسم چیخ رہا ہے — نہ صرف دوا کے لیے، بلکہ سکون کے لیے۔ بہت سے اندر جنگ میں ہیں.

عالمی جھلک

- **افریقہ** - صدمے، آلودگی اور تناؤ سے منسلک خود بخود تشخیص میں اضافہ۔
- **ایشیا** - آبائی دباو اور شرم کی ثقافت سے منسلک تھائیرائڈ کے امراض کی اعلی شرح۔
- **یورپ اور امریکہ** - کارکردگی سے چلنے والی ثقافت سے دائمی تھکاوٹ اور برن آؤٹ وبا۔
- **لاطینی امریکہ** - متاثرین کی اکثر غلط تشخیص ہوتی ہے۔ بدنما داغ اور روحانی حملے روح کے ٹکڑے یا لعنت کے ذریعے۔

چھپی ہوئی روحانی جڑیں۔

- **"خود سے نفرت یا شرم** - محسوس کرنا "کافی اچھا نہیں ہے۔
- **خود یا دوسروں کی طرف معافی** - مدافعتی نظام روحانی حالت کی نقل کرتا ہے۔

- **غیر عمل شدہ غم یا دھوکہ** - روح کی تھکاوٹ اور جسمانی خرابی کا دروازہ کھولتا ہے۔
- **جادو ٹونے کی تکلیف یا حسد کے تیر** — روحانی اور جسمانی طاقت کو ختم کرنے کے لیے استعمال ہوتے ہیں۔

سچی کہانیاں - اندھیرے میں لڑی جانے والی لڑائیاں

اسپین سے ایلینا
کو ایک طویل بدسلوکی والے تعلقات کے بعد لیوپس کی تشخیص ہوئی تھی جس نے اسے جذباتی طور پر توڑ دیا تھا۔ علاج اور دعا میں، یہ انکشاف ہوا کہ اس نے نفرت کو اندرونی بنا دیا تھا، یہ مانتے ہوئے کہ وہ بیکار تھی۔ جب اس نے اپنے آپ کو معاف کرنا شروع کیا اور روح کے زخموں کا صحیفہ کے ساتھ مقابلہ کرنا شروع کیا، تو اس کے بھڑک اٹھنے میں بڑی حد تک کمی آئی۔ وہ کلام کی شفا بخش طاقت اور روح کی صفائی کی گواہی دیتی ہے۔

امریکہ سے جیمز

جیمز، ایک کارپوریٹ ایگزیکٹو، 20 سال کے نان اسٹاپ تناؤ کے بعد CFS سے منہدم ہوگیا۔ نجات کے دوران، یہ بے نقاب ہوا کہ آرام کے بغیر جدوجہد کرنے کی ایک نسلی لعنت نے اس کے خاندان کے مردوں کو دوچار کیا۔ وہ سبت، دعا اور اعتراف کے موسم میں داخل ہوا، اور نہ صرف صحت بلکہ شناخت کی بحالی پائی۔

ایکشن پلان - روح اور مدافعتی نظام کو ٹھیک کرنا

1. **زبور 5-103:1** ہر صبح بلند آواز سے دعا کریں — خاص طور پر v.3-5-
2. **اپنے اندرونی عقائد کی فہرست بنائیں** - آپ اپنے آپ کو کیا کہتے ہیں؟ جھوٹ توڑو۔
3. **دل کی گہرائیوں سے معاف کریں** - خاص طور پر اپنے آپ کو۔
4. **اشتراک عمل کریں** — یسعیاہ 53 دیکھیں۔
5. **خدا میں آرام کریں** — سبت کا دن اختیاری نہیں ہے، یہ برن آؤٹ کے خلاف روحانی جنگ ہے۔

میں اعلان کرتا ہوں کہ میرا جسم میرا دشمن نہیں ہے۔ میرے اندر کا ہر خلیہ الہی حکم اور امن کے ساتھ ہم آہنگ ہوگا۔ مجھے خدا کی طاقت اور شفا ملتی ہے۔

گروپ کی درخواست

- اراکین کو تھکاوٹ کے نمونوں یا جذباتی تھکن کا اشتراک کریں جو وہ چھپاتے ہیں۔
- ایک "روح ڈمپ" مشق کریں - بوجھ لکھیں، پھر انہیں علامتی طور پر جلا دیں یا دفن کریں۔
- ان لوگوں پر ہاتھ رکھیں جو خود سے قوت مدافعت کی علامات میں مبتلا ہیں۔ کمانڈ توازن اور امن۔
- جذباتی محرکات اور شفا بخش صحیفوں کی 7 دن کی جرنلنگ کی حوصلہ افزائی کریں۔

وزارت کے اوزار:

- تازگی کے لیے ضروری تیل یا خوشبودار مسح
- جریدے یا نوٹ پیڈ
- زبور 23 مراقبہ کا ساؤنڈ ٹریک

کلیدی بصیرت

جو چیز روح پر حملہ کرتی ہے وہ اکثر جسم میں ظاہر ہوتی ہے۔ شفا یابی کو اندر سے باہر بہنا چاہیے۔

عکاسی جرنل

- کیا میں اپنے جسم اور خیالات میں محفوظ محسوس کرتا ہوں؟
- کیا میں ماضی کی ناکامیوں یا صدمے سے شرمندگی یا الزام تراشی کر رہا ہوں؟
- میں روحانی طریقوں کے طور پر آرام اور سکون کا احترام شروع کرنے کے لیے کیا کر سکتا ہوں؟

بحالی کی دعا

خداوند یسوع، آپ میرے شفا دینے والے ہیں۔ آج میں ہر اس جھوٹ کو مسترد کرتا ہوں کہ میں ٹوٹا ہوا، گندا، یا برباد ہوں۔ میں اپنے آپ کو اور دوسروں کو معاف کرتا ہوں۔ میں اپنے جسم کے ہر خلیے کو برکت دیتا ہوں۔ مجھے اپنی روح میں سکون ملتا ہے اور اپنے مدافعتی نظام میں صف بندی ہوتی ہے۔ تیری دھاریوں سے، میں شفایاب ہوا ہوں۔ آمین۔

دن 12 :مرگی اور ذہنی عذاب ۔ جب دماغ میدان جنگ بن جاتا ہے

خداوند، میرے بیٹے پر رحم فرما، کیونکہ وہ پاگل ہے، اور بہت پریشان" ہے، کیونکہ وہ اکثر آگ میں گرتا ہے اور اکثر پانی میں۔" - میتھیو 17 :15

خدا نے ہمیں خوف کی روح نہیں دی ہے، لیکن طاقت، محبت، اور ایک" صحت مند دماغ۔" —2 تیمتھیس 1:7

کچھ مصیبتیں صرف طبی نہیں ہوتیں - وہ روحانی میدان جنگ ہوتے ہیں جو بیماری کے بھیس میں آتے ہیں۔

مرگی، دورے، شیزوفرینیا، دوئبرووی اقساط، اور دماغ میں عذاب کے ،نمونوں کی اکثر نادیدہ جڑیں ہوتی ہیں۔ جب کہ دوائیوں کی ایک جگہ ہے سمجھداری اہم ہے۔ بہت سے بائبل کے بیانات میں، دورے اور ذہنی حملے شیطانی جبر کا نتیجہ تھے۔

جدید معاشرہ وہی دوا دیتا ہے جسے یسوع اکثر نکال دیتے ہیں ۔

عالمی حقیقت

- **افریقہ** - دوروں کو اکثر لعنتوں یا آبائی روحوں سے منسوب کیا جاتا ہے۔
- **ایشیا** - مرگی کا مرض اکثر شرم اور روحانی بدنما کی وجہ سے چھپ جاتا ہے۔
- **لاطینی امریکہ** - شیزوفرینیا نسلی جادو ٹونے یا اسقاط شدہ کالنگ سے منسلک ہے۔
- **یورپ اور شمالی امریکہ** - زیادہ تشخیص اور زیادہ دوائی اکثر شیطانی جڑوں کو چھپا دیتی ہے۔

حقیقی کہانیاں - آگ میں نجات

شمالی نائیجیریا سے موسی

موسیٰ کو بچپن سے ہی مرگی کے دورے پڑتے تھے۔ اس کے خاندان نے سب کچھ آزمایا ۔ مقامی ڈاکٹروں سے لے کر چرچ کی دعاؤں تک۔ ایک دن، نجات کی خدمت کے دوران، روح نے انکشاف کیا کہ موسیٰ کے دادا نے اسے جادو کے بدلے میں پیش کیا تھا۔ عہد کو توڑنے اور اسے مسح کرنے کے بعد، اسے کبھی دوسرا دورہ نہیں پڑا۔

پیرو سے ڈینیئل

دوئبرووی خرابی کی شکایت کے ساتھ، ڈینیئل نے پرتشدد خوابوں اور آوازوں کے ساتھ جدوجہد کی۔ بعد میں اس نے دریافت کیا کہ اس کے والد پہاڑوں میں خفیہ شیطانی رسومات میں ملوث تھے۔ نجات کی دعا اور تین ،دن کے روزے نے وضاحت کی۔ آوازیں بند ہو گئیں۔ آج، ڈینیل پرسکون بحال، اور خدمت کے لیے تیاری کر رہا ہے۔

دیکھنے کے لیے نشانیاں

- معلوم اعصابی وجہ کے بغیر دورے کی بار بار اقساط
- آوازیں، فریب، پرتشدد یا خودکشی کے خیالات۔
- نماز کے دوران وقت یا یادداشت کا نقصان، ناقابل وضاحت خوف، یا جسمانی فٹ بیٹھنا۔
- پاگل پن یا خودکشی کے خاندانی نمونے۔

ایکشن پلان ۔ دماغ پر اختیار لینا

1. **تمام معلوم خفیہ تعلقات، صدمے، یا لعنتوں سے توبہ کریں۔**
2. **روزانہ اپنے سر پر ہاتھ رکھیں، ایک درست دماغ کا اعلان کرتے ہوئے (2 تیمتھیس 1:7)۔**
3. **روزہ رکھیں اور دماغ کو پابند کرنے والی روحوں پر دعا کریں۔**
4. **آبائی قسموں، وقفوں، یا خونی لعنتوں کو توڑ دیں۔**
5. **اگر ممکن ہو تو، ایک مضبوط دعائیہ ساتھی یا نجات دہندہ ٹیم کے ساتھ شامل ہوں۔**

میں عذاب، ضبط، اور الجھن کے ہر جذبے کو مسترد کرتا ہوں۔ مجھے یسوع کے نام میں ایک درست دماغ اور مستحکم جذبات موصول ہوتے !ہیں

گروپ وزارت اور درخواست

- ذہنی بیماری یا دوروں کے خاندانی نمونوں کی شناخت کریں۔

- ان مصیبتوں کے لئے دعا کریں - پیشانی پر مسح کا تیل استعمال کریں۔
- شفاعت کرنے والوں کو کمرے کے چاروں طرف یہ اعلان کرنے کے لیے کہ "امن، خاموش رہو!" (مرقس 4:39)
- متاثرہ افراد کو زبانی معاہدوں کو توڑنے کے لیے مدعو کریں: "میں پاگل نہیں ہوں۔ میں شفا اور تندرست ہوں۔"

وزارت کے اوزار:
- مسح کرنے والا تیل
- شفا یابی کا اعلان کارڈ
- موسیقی کی عبادت کریں جو امن اور شناخت کا باعث ہو۔

کلیدی بصیرت
ہر مصیبت صرف جسمانی نہیں ہوتی۔ کچھ کی جڑیں قدیم معاہدوں اور شیطانی قانونی بنیادوں میں ہیں جن کا روحانی طور پر حل ہونا چاہیے۔

عکاسی جرنل
- کیا میں کبھی سوچوں یا نیند میں ستایا گیا ہوں؟
- کیا ایسے غیر شفایاب صدمات یا روحانی دروازے ہیں جنہیں مجھے بند کرنے کی ضرورت ہے؟
- خدا کے کلام میں اپنے ذہن کو لنگر انداز کرنے کے لیے میں روزانہ کس سچائی کا اعلان کر سکتا ہوں؟

تندرستی کی دعا
خداوند یسوع، آپ میرے ذہن کو بحال کرنے والے ہیں۔ میں ہر اس عہد، صدمے، یا شیطانی جذبے کو ترک کرتا ہوں جو میرے دماغ، جذبات اور وضاحت پر حملہ کرتا ہے۔ میں شفا یابی اور ایک درست دماغ حاصل کرتا ہوں۔ میں حکم دیتا ہوں کہ میں زندہ رہوں گا، مروں گا نہیں۔ میں یسوع کے نام پر پوری طاقت سے کام کروں گا۔ آمین۔

دن 13: خوف کی روح - پوشیدہ عذاب کے پنجرے کو توڑنا

"کیونکہ خُدا نے ہمیں خوف کی روح نہیں دی ہے، بلکہ طاقت، محبت اور صحیح دماغ کی روح دی ہے۔" - 2 تیمتھیس 1: 7
"خوف کو عذاب ہے ..." - 1 یوحنا 4:18

روح بھی ہوسکتا ہے -
یہ آپ کے شروع کرنے سے پہلے ناکامی کو سرگوشی کرتا ہے۔ یہ مسترد کو بڑھاتا ہے۔ یہ مقصد کو خراب کرتا ہے۔ یہ قوموں کو مفلوج کر دیتا ہے۔
بہت سے لوگ خوف سے بنی غیر مرئی جیلوں میں ہیں: موت کا خوف، ناکامی، غربت، لوگ، بیماری، روحانی جنگ، اور نامعلوم۔
بہت سے اضطراب کے حملوں، گھبراہٹ کے عوارض، اور غیر معقول فوبیاس کے پیچھے ایک روحانی تفویض ہے جو تقدیر کو بے اثر کرنے کے لیے بھیجی گئی ہے۔

عالمی مظاہر
- **افریقہ** - خوف کی جڑ نسلی لعنتوں، آبائی انتقامی کارروائیوں، یا جادو ٹونے کے ردعمل میں ہے۔
- **ایشیا** - ثقافتی شرم، کرمک خوف، تناسخ کی پریشانیاں۔
- **لاطینی امریکہ** - لعنتوں، گاؤں کے افسانوں، اور روحانی انتقام سے خوف۔
- **یورپ اور شمالی امریکہ** - پوشیدہ اضطراب، تشخیص شدہ عوارض، تصادم کا خوف، کامیابی، یا مسترد - اکثر روحانی لیکن نفسیاتی لیبل لگا ہوا ہے۔

حقیقی کہانیاں - روح کو بے نقاب کرنا
سارہ کینیڈا سے

برسوں تک سارہ اندھیرے میں سو نہیں سکی۔ وہ ہمیشہ کمرے میں اپنی موجودگی محسوس کرتی تھی۔ ڈاکٹروں نے اسے پریشانی کے طور پر تشخیص کیا، لیکن کوئی علاج کام نہیں کیا۔ ایک آن لائن نجات کے سیشن کے دوران، یہ انکشاف ہوا کہ بچپن کے خوف نے ایک ڈراؤنے خواب

اور خوفناک فلم کے ذریعے ایک اذیت ناک روح کے لیے دروازہ کھول دیا۔ اس نے توبہ کی، خوف ترک کیا، اور اسے جانے کا حکم دیا۔ وہ اب سکون سے سو رہی ہے۔

Uche نائیجیریا سے

اوچے کو تبلیغ کے لیے بلایا گیا لیکن جب بھی وہ لوگوں کے سامنے کھڑا ہوا، وہ جم گیا۔ خوف غیر فطری تھا ــ دم گھٹ رہا تھا، مفلوج ہو رہا تھا۔ دعا میں، خُدا نے اُسے ایک ایسا لفظ دکھایا جو ایک استاد کے ذریعے بولا گیا تھا جس نے بچپن میں اس کی آواز کا مذاق اڑایا تھا۔ اس لفظ نے ایک روحانی سلسلہ تشکیل دیا۔ ایک بار ٹوٹنے کے بعد، اس نے دلیری کے ساتھ تبلیغ شروع کی۔

ایکشن پلان ـ خوف پر قابو پانا

1. **کسی بھی خوف کا نام لے کر اعتراف کریں** : "میں یسوع کے نام پر [_____] کے خوف کو ترک کرتا ہوں۔
2. **روزانہ بلند آواز سے زبور 27 اور یسعیاہ 41 پڑھیں۔**
3. **اس وقت تک عبادت کریں جب تک کہ امن خوف کی جگہ نہ لے۔**
4. **خوف پر مبنی میڈیا سے تیز** ــ ہارر فلمیں، خبریں، گپ شپ۔
5. **روزانہ اعلان کریں** : "میرا دماغ ٹھیک ہے، میں ڈرنے کا غلام نہیں ہوں۔

گروپ ایپلیکیشن ـ کمیونٹی پیش رفت

- گروپ کے اراکین سے پوچھیں: کس خوف نے آپ کو سب سے زیادہ مفلوج کیا ہے؟
- چھوٹے گروہوں میں بٹ جائیں اور **ترک کرنے** اور بدلنے کی **نماز کی قیادت کریں** (مثال کے طور پر، خوف ← دلیری اضطراب ← اعتماد)۔
- ہر شخص کو ایک خوف لکھیں اور اسے پیشن گوئی کے طور پر جلا دیں۔
- ایک دوسرے پر مسح کرنے والے تیل اور صحیفے کے اعترافات کا استعمال کریں ۔

وزارت کے اوزار:

- مسح کرنے والا تیل
- صحیفے کے اعلان کارڈ

- "عبادت گانا: بیتھل کے ذریعہ "نو ابر سلیوز

کلیدی بصیرت
خوف کو برداشت کرنا ایمان آلودہ ہے ۔
آپ بیک وقت دلیر اور خوفزدہ نہیں ہو سکتے ۔ دلیری کا انتخاب کریں۔

عکاسی جرنل
- بچپن سے اب تک کون سا خوف میرے ساتھ رہا ہے؟
- خوف نے میرے فیصلوں، صحت یا تعلقات کو کیسے متاثر کیا ہے؟
- اگر میں مکمل طور پر آزاد ہوتا تو میں مختلف طریقے سے کیا کرتا؟

خوف سے آزادی کی دعا
باپ ، میں خوف کی روح کو ترک کرتا ہوں۔ میں صدمے، الفاظ، یا گناہ کے ذریعے ہر وہ دروازہ بند کرتا ہوں جس نے خوف کو رسائی دی ہو۔ مجھے طاقت، محبت، اور ایک درست دماغ کی روح ملتی ہے۔ میں یسوع کے نام پر دلیری، امن اور فتح کا اعلان کرتا ہوں۔ میری زندگی میں خوف کی کوئی جگہ نہیں ہے۔ آمین۔

دن 14: شیطانی نشانات - ناپاک برانڈ کو مٹانا

"اب سے کوئی مجھے پریشان نہ کرے کیونکہ میں اپنے جسم میں خداوند یسوع کے نشانات رکھتا ہوں۔" - گلتیوں 6:17
— "وہ میرا نام بنی اسرائیل پر رکھیں گے اور میں ان کو برکت دوں گا۔" گنتی 6:27

بہت سی تقدیریں روحانی دائرے میں خاموشی سے نشان زد ہوتی ہیں — خدا کی طرف سے نہیں، بلکہ دشمن کے ذریعے۔
یہ شیطانی نشانات جسم کے عجیب و غریب نشانات، ٹیٹوز یا برانڈنگ کے خواب، تکلیف دہ بدسلوکی، خون کی رسومات، یا وراثت میں ملی قربان گاہوں کی شکل میں آ سکتے ہیں۔ کچھ پوشیدہ ہیں - صرف روحانی حساسیت کے ذریعہ پہچانے جاتے ہیں - جبکہ دیگر جسمانی علامات، شیطانی ٹیٹو، روحانی برانڈنگ، یا مستقل کمزوری کے طور پر ظاہر ہوتے ہیں۔

جب کسی شخص کو دشمن کی طرف سے نشان زد کیا جاتا ہے، تو وہ تجربہ کر سکتے ہیں:

- بلا وجہ مسلسل مسترد اور نفرت۔
- بار بار روحانی حملے اور رکاوٹیں۔
- بعض عمروں میں قبل از وقت موت یا صحت کا بحران۔
- روح میں ٹریک کیا جا رہا ہے - ہمیشہ اندھیرے میں نظر آتا ہے.

یہ نشانات قانونی ٹیگز کے طور پر کام کرتے ہیں، جو تاریک روحوں کو اذیت، تاخیر، یا نگرانی کرنے کی اجازت دیتے ہیں۔
لیکن یسوع کا خون **صاف کرتا** ہے اور **دوبارہ برانڈ کرتا** ہے۔

عالمی اظہار

- **افریقہ** - قبائلی نشانات، رسمی کٹوتیاں، خفیہ آغاز کے نشانات۔
- **ایشیا** - روحانی مہریں، آبائی علامتیں، کرمی نشانات۔
- **لاطینی امریکہ** - برجیریا (جادوگرنی) کے ابتدائی نشانات، پیدائش کے نشان جو رسموں میں استعمال ہوتے ہیں۔
- **یورپ** - فری میسنری کے نشانات، ٹیٹو جو روح کی رہنمائی کرتے ہیں۔

* **شمالی امریکہ** - نئے دور کی علامتیں، رسمی بدسلوکی کے ٹیٹو، جادوئی عہد کے ذریعے شیطانی برانڈنگ۔

حقیقی کہانیاں - دوبارہ برانڈنگ کی طاقت
یوگنڈا سے ڈیوڈ

ڈیوڈ کو مسلسل رد کا سامنا کرنا پڑا۔ اس کی قابلیت کے باوجود کوئی بھی اس کی وضاحت نہیں کر سکا۔ نماز میں، ایک نبی نے اپنی پیشانی پر دیکھا - ایک گاؤں کے پادری کے ذریعہ بچپن کی رسم "X" ایک "روحانی کا نشان۔ نجات کے دوران، مسح کرنے والے تیل اور یسوع کے خون کے اعلانات کے ذریعے نشان روحانی طور پر مٹا دیا گیا۔ اس کی زندگی ہفتوں کے اندر بدل گئی - اس نے شادی کی، نوکری حاصل کی، اور نوجوان رہنما بن گئے۔

برازیل سے سینڈرا

سینڈرا نے اپنی نوعمر بغاوت سے ڈریگن کا ٹیٹو بنوایا تھا۔ مسیح کو اپنی زندگی دینے کے بعد، اس نے جب بھی روزہ رکھا یا دعا کی تو اس نے شدید روحانی حملے دیکھے۔ اس کے پادری نے محسوس کیا کہ ٹیٹو ایک شیطانی علامت ہے جو نگرانی کرنے والی روحوں سے منسلک ہے۔ توبہ، دعا اور اندرونی شفایابی کے سیشن کے بعد، اس نے ٹیٹو کو ہٹا دیا اور روح کے بندھن کو توڑ دیا۔ اس کے ڈراؤنے خواب فوراً رک گئے۔

ایکشن پلان - نشان مٹا دیں۔
1. **روح القدس سے کہیں** کہ وہ آپ کی زندگی میں کسی روحانی یا جسمانی نشانات کو ظاہر کرے۔
2. ان رسومات میں کسی بھی ذاتی یا وراثت میں ملوث ہونے کے لیے **توبہ کریں جس نے انہیں اجازت دی۔**
3. **یسوع کے خون کو** اپنے جسم پر لگائیں — پیشانی، ہاتھ، پاؤں۔
4. **مانیٹرنگ اسپرٹ، روح کے تعلقات اور قانونی حقوق کو توڑ دیں** (نیچے صحیفے دیکھیں)۔
5. **جسمانی ٹیٹو یا آئٹمز** (جیسا کہ قیادت میں) ہٹا دیں جو تاریک عہد سے منسلک ہیں۔

گروپ ایپلیکیشن - مسیح میں دوبارہ برانڈنگ

- گروپ کے اراکین سے پوچھیں: کیا آپ نے کبھی نشان یا برانڈڈ ہونے کا خواب دیکھا ہے؟
- **صفائی اور مسیح کے لیے وقف** کی دعا کی قیادت کریں ۔
- پیشانیوں کو تیل سے مسح کریں اور اعلان کریں: "اب آپ خداوند یسوع مسیح کا نشان اٹھائے ہوئے ہیں۔"
- نگرانی کی روحوں کو توڑ دیں اور مسیح میں اپنی شناخت کو دوبارہ بنائیں۔

وزارت کے اوزار:

- زیتون کا تیل (مسح کرنے کے لیے بابرکت)
- آئینہ یا سفید کپڑا (علامتی دھونے کا عمل)
- کمیونین (نئی شناخت پر مہر لگائیں۔

کلیدی بصیرت

جو چیز روح میں نشان زد ہے وہ **روح میں نظر آتی ہے** — دشمن آپ کو ٹیگ کرنے کے لیے کیا استعمال کرتا ہے اسے ہٹا دیں۔

عکاسی جرنل

- کیا میں نے کبھی بغیر وضاحت کے اپنے جسم پر عجیب و غریب نشانات، خراشیں، یا علامتیں دیکھی ہیں؟
- کیا ایسی چیزیں، چھیدنے، یا ٹیٹوز ہیں جنہیں مجھے ترک کرنے یا ہٹانے کی ضرورت ہے؟
- کیا میں نے اپنے جسم کو روح القدس کے مندر کے طور پر مکمل طور پر دوبارہ وقف کر دیا ہے؟

ری برانڈنگ کی دعا

خداوند یسوع ، میں آپ کی مرضی سے باہر اپنے جسم یا روح میں کیے گئے ہر نشان، عہد، اور لگن کو ترک کرتا ہوں۔ تیرے خون سے میں ہر شیطانی نشان کو مٹا دیتا ہوں۔ میں اعلان کرتا ہوں کہ میں صرف مسیح کے لیے نشان زد ہوں۔ آپ کی ملکیت کی مہر مجھ پر ہو، اور ہر نگرانی کرنے والے جذبے کو اب مجھ سے باخبر رہنے دیں۔ مجھے اب اندھیرا نظر نہیں آتا۔ میں آزاد چلتا ہوں — یسوع کے نام پر، آمین۔

دن 15: آئینہ دائرہ ـ عکاسیوں کی قید سے فرار

"ابھی ہم اندھیرے میں شیشے سے دیکھتے ہیں؛ لیکن پھر آمنے سامنے..." - 1 کرنتھیوں 13:12
"ان کی آنکھیں ہیں لیکن دیکھ نہیں سکتے، کان ہیں لیکن سن نہیں سکتے..." - زبور 115: 5-6

آئینہ دائرہ ہے — جعلی شناختوں، روحانی ہیرا پھیری اور تاریک عکاسیوں کی جگہ۔ بہت سے لوگ جو خواب یا رویا میں دیکھتے ہیں وہ خدا کی طرف سے نہیں بلکہ تاریک بادشاہی سے دھوکہ دہی کے اوزار ہو سکتے ہیں۔
جادو میں، آئینے روحوں کو پھنسانے، زندگیوں کی نگرانی، یا شخصیات کی منتقلی کے لیے استعمال ہوتے ہیں۔ کچھ نجات کے سیشنوں میں، لوگ اپنے آپ کو کسی دوسری جگہ، آئینے کے اندر اسکرین پر، یا روحانی پردے کے پیچھے دیکھتے ہوئے رپورٹ کرتے نہیں ہیں۔ وہ اکثر شیطانی جیلیں ہیں جن کے لیے hallucinations ہیں۔ یہ ڈیزائن کیا گیا ہے:

- روح کو ٹکڑے ٹکڑے کر دینا
- تقدیر میں تاخیر
- شناخت کو الجھائیں۔
- متبادل روحانی ٹائم لائنز کی میزبانی کریں۔

مقصد؟ آپ کا ایک جھوٹا ورژن بنانا جو شیطانی کنٹرول میں رہتا ہے جبکہ آپ کا اصل نفس الجھن یا شکست میں رہتا ہے۔

عالمی اظہار

- **افریقہ** ـ جادوگروں کے ذریعہ نظر رکھنے، پھنسانے یا حملہ کرنے کے لیے استعمال کیا جانے والا آئینہ جادو۔
- **ایشیا** ـ شمنز روحوں کو "دیکھنے" اور طلب کرنے کے لیے پانی کے پیالے یا پالش شدہ پتھروں کا استعمال کرتے ہیں۔
- **یورپ** ـ سیاہ آئینے کی رسومات، عکاسی کے ذریعے necromancy۔
- **لاطینی امریکہ** ـ ایزٹیک روایات میں آبسیڈین آئینے کے ذریعے رونا۔

- سفر astral **،شمالی امریکہ** - نئے دور کے آئینے کے پورٹلز کے لیے آئینہ دیکھنا۔

"گواہی - "آئینے میں لڑکی
ماریہ فلپائن سے

ماریہ نے آئینے سے بھرے کمرے میں پھنس جانے کے خواب دیکھے تھے۔ جب بھی اس نے زندگی میں ترقی کی، وہ آئینے میں اپنے آپ کو پیچھے کی طرف کھینچتے ہوئے دیکھے گی۔ نجات کے دوران ایک رات، اس نے چیخ ماری اور خود کو آزادی میں "آئینے سے باہر نکلتے ہوئے" دیکھ کر بیان کیا۔ اس کے پادری نے اس کی آنکھوں پر مسح کیا ،اور اسے آئینے کی ہیرا پھیری کو ترک کرنے میں رہنمائی کی۔ تب سے اس کی ذہنی وضاحت، کاروبار، اور خاندانی زندگی بدل گئی ہے۔

اسکاٹ لینڈ سے تعلق رکھنے والے ڈیوڈ

جو کہ ایک بار نئے دور کے مراقبہ میں گھرے تھے، "آئینے کے ، سائے کے کام" کی مشق کرتے تھے۔ وقت گزرنے کے ساتھ، اس نے آوازیں سننا شروع کیں اور خود کو وہ کام کرتے دیکھنا شروع کر دیا جس کا اس نے کبھی ارادہ نہیں کیا۔ مسیح کو قبول کرنے کے بعد، ایک نجات دینے والے وزیر نے آئینہ کی روح کے تعلقات کو توڑ دیا اور اپنے دماغ پر دعا کی۔ ڈیوڈ نے برسوں میں پہلی بار "دھند اٹھا" کی طرح محسوس کرنے کی اطلاع دی۔

ایکشن پلان - آئینہ کا جادو توڑ دیں۔

1. روحانی طور پر استعمال ہونے والے آئینے کے ساتھ تمام معلوم یا نامعلوم شمولیت کو **ترک کر دیں** ۔
2. **اپنے گھر کے تمام شیشوں کو** کپڑے سے ڈھانپیں (اگر قیادت کریں)۔
3. **اپنی آنکھوں اور پیشانی پر مسح کریں** - اعلان کریں کہ اب آپ صرف وہی دیکھتے ہیں جو خدا دیکھتا ہے۔
4. مسیح میں اپنی شناخت کا اعلان کرنے کے لیے **صحیفے کا استعمال کریں ، نہ کہ غلط عکاسی میں:**
    - یسعیاہ 43:1
    - کرنتھیوں 2 5:17
    - یوحنا 8:36

گروپ ایپلیکیشن - شناخت کی بحالی

- پوچھیں: کیا آپ نے کبھی آئینے، ڈبلز، یا دیکھے جانے والے خواب دیکھے ہیں؟
- شناخت کی بحالی کی دعا کی قیادت کریں - خود کے جھوٹے ورژن سے آزادی کا اعلان۔
- آنکھوں پر ہاتھ رکھیں (علامتی طور پر یا نماز میں) اور بینائی کی شفافیت کے لیے دعا کریں۔
- پیشن گوئی کے ساتھ اعلان کرنے کے لیے گروپ میں آئینے کا استعمال کریں: "میں وہی ہوں جو خدا کہتا ہے کہ میں ہوں۔ اور "کچھ نہیں۔

:وزارت کے اوزار

- سفید کپڑا (ڈھکنے کی علامتیں)
- مسح کرنے کے لیے زیتون کا تیل
- پیغمبرانہ آئینہ اعلامیہ گائیڈ

کلیدی بصیرت

دشمن آپ کے اپنے آپ کو دیکھنے کے انداز کو مسخ کرنا پسند کرتا ہے کیونکہ آپ کی شناخت آپ کی تقدیر تک رسائی کا نقطہ ہے۔ -

عکاسی جرنل

- کیا میں نے جھوٹ پر یقین کیا ہے کہ میں کون ہوں؟
- کیا میں نے کبھی آئینہ کی رسومات میں حصہ لیا ہے یا نادانستہ طور پر آئینے کے جادو کی اجازت دی ہے؟
- خدا کیا کہتا ہے کہ میں کون ہوں؟

آئینہ کے دائرے سے آزادی کی دعا

— **جنت میں باپ** ، میں آئینہ کے دائرے کے ساتھ ہر عہد کو توڑتا ہوں ہر تاریک عکاسی، روحانی دوہرا، اور جعلی ٹائم لائن۔ میں تمام جھوٹی شناختوں کو ترک کرتا ہوں۔ میں اعلان کرتا ہوں کہ میں وہی ہوں جو تم کہتے ہو کہ میں ہوں۔ یسوع کے خون کے ذریعے، میں عکاسی کی قید سے باہر نکل کر اپنے مقصد کی تکمیل میں آتا ہوں۔ آج سے، میں روح

کی آنکھوں سے دیکھ رہا ہوں — سچائی اور وضاحت میں۔ یسوع کے نام میں، آمین۔

دن 16: لفظ لعنتوں کے بندھن کو توڑنا اپنے نام، اپنے مستقبل کا دوبارہ دعوی کرنا

"موت اور زندگی زبان کے اختیار میں ہیں..." - امثال 18:21
"کوئی ہتھیار جو تیرے خلاف بنایا گیا ہے کامیاب نہیں ہو گا، اور ہر وہ زبان جو عدالت میں تیرے خلاف اٹھے گی، تُو مجرم ٹھہرائے گا..." — یسعیاہ 54:17

الفاظ صرف آوازیں نہیں ہیں - وہ **روحانی کنٹینرز ہیں**، جو برکت دینے یا باندھنے کی طاقت رکھتے ہیں۔ بہت سے لوگ نادانستہ طور پر والدین، اساتذہ، روحانی پیشوا، سابقہ محبت کرنے والوں، یا یہاں تک کہ ان کے اپنے منہ سے ان پر **کہی گئی لعنتوں کے بوجھ تلے چلتے ہیں۔**
کچھ نے پہلے بھی سنا ہے:

- "آپ کبھی بھی کسی چیز کے برابر نہیں ہوں گے۔"
- "تم بالکل اپنے باپ کی طرح ہو - بیکار۔"
- "آپ جس چیز کو چھوتے ہیں وہ ناکام ہو جاتی ہے۔"
- "اگر میں تمہیں نہیں پا سکتا تو کوئی بھی نہیں ملے گا۔"
- "تم لعنتی ہو... دیکھو اور دیکھو۔"

اس طرح کے الفاظ، جو ایک بار غصے، نفرت، یا خوف میں بولے جاتے ہیں - خاص طور پر کسی صاحب اختیار کے ذریعے - ایک روحانی پھندا بن سکتے ہیں۔ یہاں تک کہ "کاش میں کبھی پیدا نہ ہوتا" یا "میں کبھی شادی نہیں کروں گا" جیسی خود ساختہ لعنتیں بھی دشمن کو قانونی بنیاد فراہم کر سکتی ہیں۔

عالمی اظہار

- **افریقہ** - قبائلی لعنتیں، بغاوت پر والدین کی لعنت، بازار کی لعنت۔
- **ایشیا** - کرما پر مبنی لفظی بیانات، بچوں کے بارے میں بولی جانے والی آبائی قسم۔
- **لاطینی امریکہ** - بروجیریا (جادو) لعنتیں بولے جانے والے لفظ سے چالو ہوتی ہیں۔
- **یورپ** - بولی جانے والی ہیکسز، خاندانی "پیش گوئیاں" جو خود پوری ہوتی ہیں۔
- **شمالی امریکہ** - زبانی بدسلوکی، جادوئی نعرے، خود سے نفرت کا اثبات۔

خواہ سرگوشی کی جائے یا چلائی جائے، جذبات اور یقین کے ساتھ کہی گئی لعنت روح میں وزن رکھتی ہے۔

"گواہی - "جب میری ماں نے موت کی بات کی
کیشا (جمیکا)

کیشا اپنی ماں کو یہ کہتے ہوئے سن کر بڑی ہوئی: "آپ کی وجہ سے میری زندگی برباد ہوئی ہے۔" ہر سالگرہ پر کچھ نہ کچھ برا ہوتا۔ 21 سال کی عمر میں، اس نے خودکشی کی کوشش کی، اس بات پر یقین کر لیا کہ اس کی زندگی کی کوئی قیمت نہیں ہے۔ نجات کی خدمت کے دوران وزیر نے پوچھا: "تمہاری زندگی پر موت کس نے بولی؟" وہ ٹوٹ گئی۔ الفاظ کو ترک کرنے اور معافی جاری کرنے کے بعد، آخرکار اس نے خوشی کا تجربہ کیا۔ اب، وہ نوجوان لڑکیوں کو سکھاتی ہے کہ کس طرح اپنے اوپر زندگی بولنا ہے۔

آندرے (رومانیہ)

آندرے کے استاد نے ایک بار کہا: "آپ جیل میں ختم ہو جائیں گے یا 25 سال سے پہلے مر جائیں گے۔" اس بیان نے اسے پریشان کیا۔ وہ جرم میں گر گیا، اور 24 میں گرفتار کیا گیا تھا۔ جیل میں، اس نے مسیح کا سامنا کیا اور اس لعنت کو محسوس کیا جس سے اس نے اتفاق کیا تھا۔ اس نے استاد کو معافی کا خط لکھا، اس پر بولے جانے والے ہر جھوٹ کو پھاڑ دیا، اور خدا کے وعدے کہنا شروع کر دیا۔ اب وہ جیل تک رسائی کی وزارت کی قیادت کر رہے ہیں۔

ایکشن پلان - لعنت کو ریورس کریں۔

1. آپ کے بارے میں کہے گئے منفی بیانات کو لکھیں — دوسروں کی طرف سے یا خود۔
2. دعا میں، ہر لفظ لعنت کو **چھوڑ دو** (اُونچی آواز میں کہو)۔
3. اس شخص کو **معاف کر دو** جس نے یہ بات کی۔
4. لعنت کو برکت سے بدلنے کے لیے اپنے اوپر **خدا کا سچ بولیں**
    - یرمیاہ 29:11
    - استثنا 28:13
    - رومیوں 8:37
    - زبور 139:14

گروپ ایپلی کیشن - الفاظ کی طاقت

- پوچھیں: کن بیانات نے آپ کی شناخت کو تشکیل دیا ہے - اچھا یا برا؟
- گروہوں میں، اونچی آواز میں لعنتیں توڑیں (حساسیت کے ساتھ)، اور بدلے میں برکتیں بولیں۔
- اسکرپچر کارڈز کا استعمال کریں — ہر شخص اپنی شناخت کے بارے میں 3 سچائیوں کو بلند آواز سے پڑھتا ہے۔
- اپنے اوپر 7 دن کی برکت والا فرمان شروع کریں۔

وزارت کے اوزار:

- صحیفے کی شناخت کے ساتھ فلیش کارڈز
- منہ پر مسح کرنے کے لیے زیتون کا تیل (مقدس تقریر)
- آئینہ کے اعلانات - روزانہ اپنی عکاسی پر سچ بولیں۔

کلیدی بصیرت

اگر کوئی لعنت بولی گئی تھی، تو اسے توڑا جا سکتا ہے — اور اس کی جگہ زندگی کا ایک نیا لفظ بولا جا سکتا ہے۔

عکاسی جرنل

- کس کے الفاظ نے میری پہچان بنائی ہے؟
- کیا میں نے خوف، غصہ، یا شرمندگی کے ذریعے اپنے آپ پر لعنت بھیجی ہے؟
- خدا میرے مستقبل کے بارے میں کیا کہتا ہے؟

لفظ لعنتوں کو توڑنے کی دعا

خداوند یسوع ، میں اپنی زندگی پر بولی جانے والی ہر لعنت کو ترک کرتا ہوں - خاندان، دوستوں، اساتذہ، محبت کرنے والوں، اور یہاں تک کہ خود بھی۔ میں ہر اس آواز کو معاف کرتا ہوں جس نے ناکامی، مسترد یا موت کا اعلان کیا ہو۔ میں اب ان الفاظ کی طاقت کو یسوع کے نام پر توڑتا ہوں۔ میں اپنی زندگی پر برکت، احسان اور تقدیر بولتا ہوں۔ میں وہی ہوں جو آپ کہتے ہیں کہ میں ہوں — پیار کیا گیا، چنا گیا، شفایابی، اور آزاد۔ یسوع کے نام پر۔ آمین۔

دن 17: کنٹرول اور ہیرا پھیری سے نجات

"جادو ٹونا ہمیشہ لباس اور کڑھائی نہیں ہوتا ہے - بعض اوقات یہ الفاظ، جذبات اور پوشیدہ پٹے ہوتے ہیں۔"
"کیونکہ سرکشی جادو کے گناہ کی طرح ہے اور ضد بدکاری اور بت پرستی کے برابر ہے۔"
— سموئیل 15:23 1

جادو ٹونا صرف مزاروں میں نہیں پایا جاتا۔ یہ اکثر مسکراہٹ پہنتا ہے اور جرم، دھمکیوں، چاپلوسی، یا خوف کے ذریعے جوڑ توڑ کرتا ہے۔ بائبل بغاوت کو – خاص طور پر وہ بغاوت جو دوسروں پر بے دین کنٹرول کرتی ہے – کو جادو ٹونے سے تشبیہ دیتی ہے۔ جب بھی ہم جذباتی، نفسیاتی، یا روحانی دباؤ کو کسی دوسرے کی مرضی پر غلبہ حاصل کرنے کے لیے استعمال کرتے ہیں، ہم ایک خطرناک علاقے میں چل رہے ہوتے ہیں۔

عالمی مظاہر

- **افریقہ** - مائیں غصے میں بچوں کو کوس رہی ہیں، محبت کرنے والے دوسروں کو "جوجو" یا محبت کے دوائیوں کے ذریعے باندھتے ہیں، روحانی پیشوا پیروکاروں کو ڈراتے ہیں۔
- **ایشیا** - شاگردوں پر گرو کا کنٹرول، طے شدہ شادیوں میں والدین کی بلیک میلنگ، توانائی کی بڈی میں ہیرا پھیری۔
- **یورپ** - نسلی رویے، مذہبی جرم اور تسلط کو کنٹرول کرنے والے فری میسن کے حلف۔
- **لاطینی امریکہ** - Brujería (جادوگری) شراکت داروں کو رکھنے کے لیے استعمال کیا جاتا ہے، جذباتی بلیک میل کی جڑ خاندانی لعنتوں میں ہے۔
- **شمالی امریکہ** - نرگسیت پسند پیرنٹنگ، جوڑ توڑ کی قیادت کو روحانی ڈھانچے" کے طور پر نقاب پوش، خوف پر مبنی پیشن گوئی۔

جادوگرنی کی آواز اکثر سرگوشی کرتی ہے: "اگر تم نے ایسا نہیں کیا، تو تم مجھے کھو دو گے، خدا کے فضل سے محروم ہو جاؤ گے، یا تکلیف اٹھاؤ گے"۔
لیکن سچی محبت کبھی جوڑ توڑ نہیں کرتی۔ خدا کی آواز ہمیشہ امن، وضاحت، اور انتخاب کی آزادی لاتی ہے۔

حقیقی کہانی - غیر مرئی پٹا توڑنا

کینیڈا سے گریس ایک پیشن گوئی کی وزارت میں گہرائی سے شامل تھی جہاں رہنما نے یہ حکم دینا شروع کیا کہ وہ کس سے ملاقات کر سکتی ہے، وہ کہاں رہ سکتی ہے، اور یہاں تک کہ نماز کیسے پڑھنی ہے۔ سب سے پہلے، یہ روحانی محسوس ہوا، لیکن وقت کے ساتھ، وہ اپنی رائے کے لئے ایک قیدی کی طرح محسوس کرتی تھی. جب بھی اس نے آزادانہ فیصلہ کرنے کی کوشش کی، اسے بتایا گیا کہ وہ "خدا کے خلاف بغاوت ، کر رہی ہے۔" ٹوٹ پھوٹ اور گریٹر ایکسپلائٹس 14 کو پڑھنے کے بعد اس نے محسوس کیا کہ یہ کرشماتی جادوگرنی تھی - پیشن گوئی کے طور پر نقاب پوش کو کنٹرول کرنا۔
گریس نے اپنے روحانی پیشوا سے روح کے بندھن کو ترک کر دیا، ہیرا پھیری کے ساتھ اپنے معاہدے کے لیے توبہ کی، اور شفا یابی کے لیے ایک مقامی کمیونٹی میں شامل ہو گئی۔ آج، وہ صحت مند ہے اور دوسروں کی مذہبی بدسلوکی سے باہر آنے میں مدد کر رہی ہے۔

ایکشن پلان - رشتوں میں جادوگری سمجھنا

1. اپنے آپ سے پوچھیں: کیا میں اس شخص کے ارد گرد آزاد محسوس کرتا ہوں، یا انہیں مایوس کرنے سے ڈرتا ہوں؟
2. ایسے تعلقات کی فہرست بنائیں جہاں جرم، دھمکیاں، یا چاپلوسی کو کنٹرول کے اوزار کے طور پر استعمال کیا جاتا ہے۔
3. ہر اس جذباتی، روحانی، یا روح کے بندھن کو ترک کریں جو آپ کو غلبہ یا بے آواز محسوس کرتا ہے۔
4. اپنی زندگی کے ہر جوڑ توڑ کو توڑنے کے لیے بلند آواز سے دعا کریں۔

کلام پاک کے اوزار

- **سموئیل 15:23** - بغاوت اور جادوگری 1
- **گلتیوں 5:1** - "مضبوط رہیں... دوبارہ غلامی کے جوئے کے بوجھ میں نہ پڑیں۔"
- **"کرنتھیوں 3:17** - "جہاں خداوند کی روح ہے وہاں آزادی ہے۔ 2
- **میکاہ 3:5-7** - جھوٹے نبیوں کو دھمکی اور رشوت کا استعمال کرتے ہوئے

گروپ ڈسکشن اور درخواست

- اس وقت کا اشتراک کریں (اگر ضرورت ہو تو گمنام طور پر) آپ کو روحانی یا جذباتی طور پر ہیرا پھیری کا احساس ہو۔
- سچ کہنے والی" دعا کا کردار ادا کریں — دوسروں پر کنٹرول" چھوڑنا اور اپنی مرضی کو واپس لینا۔
- ممبران کو خطوط لکھیں (حقیقی یا علامتی) اعداد و شمار کو کنٹرول کرنے اور مسیح میں آزادی کا اعلان کرنے کے ساتھ تعلقات کو توڑتے ہوئے۔

:وزارت کے اوزار

- نجات کے شراکت داروں کو جوڑیں۔
- دماغ اور مرضی پر آزادی کا اعلان کرنے کے لئے مسح کرنے والے تیل کا استعمال کریں۔
- مسیح کے ساتھ عہد کو دوبارہ قائم کرنے کے لیے کمیونین کا استعمال کریں کیونکہ وہ واحد حقیقی احاطہ ہے ۔

کلیدی بصیرت

جہاں ہیرا پھیری رہتی ہے وہاں جادو پنپتا ہے۔ لیکن جہاں خدا کی روح ہے وہاں آزادی ہے۔

عکاسی جرنل

- کس نے یا کس چیز کو میں نے اپنی آواز، مرضی یا سمت کو کنٹرول کرنے کی اجازت دی ہے؟
- کیا میں نے کبھی اپنا راستہ حاصل کرنے کے لیے خوف یا چاپلوسی کا استعمال کیا ہے؟
- مسیح کی آزادی میں چلنے کے لیے آج میں کیا قدم اٹھاؤں گا؟

نجات کی دعا

،آسمانی باپ، میں اپنے اندر یا ارد گرد کام کرنے والے جذباتی، روحانی ،اور نفسیاتی ہیرا پھیری کی ہر شکل کو ترک کرتا ہوں۔ میں نے خوف ،جرم اور کنٹرول میں جڑی ہر روح کے بندھن کو کاٹ دیا۔ میں بغاوت تسلط اور دھمکیوں سے آزاد ہوں۔ میں اعلان کرتا ہوں کہ میں صرف آپ کی روح کے ذریعہ چل رہا ہوں۔ مجھے محبت، سچائی اور آزادی میں چلنے کا فضل ملتا ہے۔ یسوع کے نام پر۔ آمین۔

دن 18 :معافی اور تلخی کی طاقت کو توڑنا

**معاف کرنا زہر پینے اور دوسرے کے مرنے کی توقع کرنے جیسا"
"ہے۔**
**دیکھو... کہ کوئی کڑوی جڑ نہ بڑھ کر مصیبت پیدا کرے اور بہتوں کو"
"ناپاک کرے۔**
عبرانیوں 12:15—

تلخی ایک خاموش تباہ کن ہے۔ اس کی شروعات چوٹ سے ہو سکتی ہے
ایک دھوکہ، جھوٹ، نقصان — لیکن جب اسے بے لگام چھوڑ دیا —
جاتا ہے، تو یہ معافی میں پھنس جاتا ہے، اور آخر کار، ہر چیز کو زہر
دینے والی جڑ میں۔
معافی اذیت دینے والی روحوں کے لیے دروازہ کھول دیتی ہے (متی
۔ یہ تفہیم پر بادل ڈالتا ہے، شفا یابی میں رکاوٹ ڈالتا ہے، آپ کی(18:34
دعاؤں کو دباتا ہے، اور خدا کی طاقت کے بہاؤ کو روکتا ہے۔
نجات صرف شیطانوں کو نکالنے کے بارے میں نہیں ہے - یہ اس چیز
کو جاری کرنے کے بارے میں ہے جسے آپ اپنے اندر روکے ہوئے ہیں۔

تلخی کے عالمی اظہار

- **افریقہ** – قبائلی جنگیں، سیاسی تشدد، اور خاندانی غداری نسل در نسل گزر گئی۔
- **ایشیا** - والدین اور بچوں کے درمیان بے عزتی، ذات پات کے زخم، مذہبی خیانت۔
- **یورپ** - بدسلوکی پر نسل در نسل خاموشی، طلاق یا بے وفائی پر تلخی۔
- **لاطینی امریکہ** - بدعنوان اداروں کے زخم، خاندانی رد، روحانی ہیرا پھیری۔
- **شمالی امریکہ** - چرچ کو تکلیف، نسلی صدمے، غیر حاضر باپ، کام کی جگہ پر ناانصافی۔

تلخی ہمیشہ نہیں چلتی۔ کبھی کبھی، یہ سرگوشی کرتا ہے، "میں کبھی
"نہیں بھولوں گا کہ انہوں نے کیا کیا۔
لیکن خدا کہتا ہے: اسے جانے دو - اس لیے نہیں کہ وہ اس کے مستحق
ہیں، بلکہ اس لیے کہ **تم** کرتے ہو۔

حقیقی کہانی - وہ عورت جو معاف نہیں کرے گی۔
برازیل سے ماریا 45 سال کی تھی جب وہ پہلی بار نجات کے لیے آئی تھی۔ ہر رات وہ گلا گھونٹنے کا خواب دیکھتی تھی۔ اسے السر، ہائی بلڈ پریشر، اور ڈپریشن تھا۔ سیشن کے دوران، یہ انکشاف ہوا کہ اس نے اپنے والد کے خلاف نفرت کا اظہار کیا تھا جنہوں نے بچپن میں اس کے ساتھ بدسلوکی کی تھی - اور بعد میں خاندان کو چھوڑ دیا تھا۔
وہ ایک عیسائی بن چکی تھی، لیکن اسے کبھی معاف نہیں کیا تھا۔
جب وہ روتی رہی اور اسے خدا کے سامنے چھوڑ دیا، تو اس کا جسم سنبھل گیا — کچھ ٹوٹ گیا۔ اس رات، وہ 20 سالوں میں پہلی بار سکون سے سویا تھا۔ دو ماہ بعد، اس کی صحت میں تیزی سے بہتری آنے لگی۔ اب وہ خواتین کے لیے شفا بخش کوچ کے طور پر اپنی کہانی شیئر کرتی ہے۔

ایکشن پلان — تلخ جڑ کو نکالنا

1. **اس کا نام رکھیں** - ان لوگوں کے نام لکھیں جنہوں نے آپ کو تکلیف پہنچائی ہے - یہاں تک کہ اپنے آپ کو یا خدا (اگر آپ خفیہ طور پر اس سے ناراض ہیں)۔
2. **اسے چھوڑ دیں** – اونچی آواز میں کہیں: "میں [نام] کو [مخصوص جرم] کے لیے معاف کرنے کا انتخاب کرتا ہوں۔ میں انہیں رہا کرتا ہوں اور خود کو آزاد کرتا ہوں۔"
3. **اسے جلا دو** - اگر ایسا کرنا محفوظ ہے تو، رہائی کے پیشن گوئی کے طور پر کاغذ کو جلا دیں یا کاٹ دیں۔
4. **برکت کی دعا کریں** جنہوں نے آپ پر ظلم کیا - چاہے آپ کے جذبات مزاحمت کریں۔ یہ روحانی جنگ ہے۔

کلام پاک کے اوزار

- میتھیو 21:18-35 – معاف نہ کرنے والے بندے کی تمثیل
- عبرانیوں 12:15 – کڑوی جڑیں بہت سے لوگوں کو ناپاک کرتی ہیں۔
- مرقس 11:25 – معاف کر دیں، تاکہ آپ کی دعاؤں میں کوئی رکاوٹ نہ آئے
- رومیوں 12:19-21 – انتقام خدا پر چھوڑ دیں۔

گروپ ایپلی کیشن اور وزارت

- ہر فرد سے (نجی طور پر یا تحریری طور پر) کسی ایسے شخص کا نام پوچھیں جس کو معاف کرنے کے لیے وہ جدوجہد کرتے ہیں۔
- نیچے دی گئی دعا کا استعمال کرتے ہوئے معافی کے عمل سے گزرنے کے لیے دعائیہ ٹیموں میں شامل ہوں۔
- ایک پیشن گوئی "جلانے کی تقریب" کی قیادت کریں جہاں تحریری جرائم کو تباہ کر دیا جاتا ہے اور ان کی جگہ شفا یابی کے اعلانات کے ساتھ تبدیل کر دیا جاتا ہے۔

وزارت کے اوزار:
- معافی کا اعلان کارڈ
- نرم ساز موسیقی یا بھیگی عبادت
- خوشی کا تیل (رہائی کے بعد مسح کرنے کے لیے)

کلیدی بصیرت
معافی ایک ایسا دروازہ ہے جس کا دشمن استحصال کرتا ہے۔ معافی ایک تلوار ہے جو غلامی کی ڈوری کو کاٹ دیتی ہے۔

عکاسی جرنل
- آج مجھے کس کو معاف کرنے کی ضرورت ہے؟
- کیا میں نے اپنے آپ کو معاف کر دیا ہے — یا میں اپنے آپ کو ماضی کی غلطیوں کی سزا دے رہا ہوں؟
- کیا مجھے یقین ہے کہ خدا جو کچھ میں نے دھوکہ دہی یا جرم کے ذریعے کھویا ہے اسے بحال کر سکتا ہے؟

رہائی کی دعا
خداوند یسوع، میں اپنے درد، غصے اور یادوں کے ساتھ آپ کے سامنے آتا ہوں۔ میں آج کا انتخاب کرتا ہوں — ایمان کے ساتھ — ہر اس شخص کو معاف کرنے کا جس نے مجھے تکلیف دی، بدسلوکی کی، دھوکہ دیا یا مجھے مسترد کیا۔ میں نے انہیں جانے دیا۔ میں انہیں فیصلے سے رہا کرتا ہوں اور میں اپنے آپ کو تلخی سے رہا کرتا ہوں۔ میں تجھ سے سوال کرتا ہوں کہ ہر زخم کو مندمل کر دے اور مجھے اپنے سکون سے بھر دے۔ یسوع کے نام پر۔ آمین۔

دن 19 :شرم اور مذمت سے شفاء

شرم کہتی ہے، 'میں برا ہوں۔' مذمت کہتی ہے، 'میں کبھی آزاد نہیں" ہوں گا۔' لیکن یسوع کہتے ہیں، 'تم میرے ہو، اور میں نے تمہیں نیا بنایا ہے۔'

جو اُس کی طرف دیکھتے ہیں وہ چمکتے ہیں، اُن کے چہرے کبھی" شرم سے نہیں چھپتے"۔
زبور 34:5—

شرم صرف ایک احساس نہیں ہے بلکہ یہ دشمن کی حکمت عملی ہے۔ یہ وہ چادر ہے جو وہ ان لوگوں کے گرد لپیٹتا ہے جو گر چکے ہیں، ناکام ہوئے ہیں یا ان کی خلاف ورزی کی گئی ہے۔ یہ کہتا ہے، "تم خدا کے "قریب نہیں آ سکتے۔ تم بہت گندے ہو، بہت خراب ہو، بہت قصوروار ہو۔ لیکن مذمت **جھوٹ ہے** - کیونکہ مسیح میں، **کوئی مذمت نہیں ہے** (رومیوں 8:1)۔

نجات کے خواہاں بہت سے لوگ پھنسے رہتے ہیں کیونکہ وہ سمجھتے ہیں کہ وہ **آزادی کے لائق نہیں ہیں** ۔ وہ جرم کو ایک بیج کی طرح اٹھاتے ہیں اور اپنی بدترین غلطیوں کو ٹوٹے ہوئے ریکارڈ کی طرح دوبارہ چلاتے ہیں۔
یسوع نے صرف آپ کے گناہوں کی ادائیگی نہیں کی — اس نے آپ کی شرمندگی کی ادائیگی کی۔

شرم کے عالمی چہرے

- **افریقہ** - عصمت دری، بانجھ پن، بے اولادی، یا شادی میں ناکامی کے گرد ثقافتی ممنوعات۔
- **ایشیا** - خاندانی توقعات یا مذہبی انحراف سے بے عزتی پر مبنی شرم۔
- **لاطینی امریکہ** - اسقاط حمل، خفیہ ملوث ہونے، یا خاندان کی بے عزتی سے جرم۔
- **یورپ** – خفیہ گناہوں، بدسلوکی، یا ذہنی صحت کی جدوجہد سے پوشیدہ شرم۔
- **شمالی امریکہ** - لت، طلاق، فحش نگاری، یا شناخت کی الجھن سے شرم۔

شرم خاموشی میں پروان چڑھتی ہے — لیکن یہ خُدا کی محبت کی روشنی میں مر جاتی ہے۔

سچی کہانی - اسقاط حمل کے بعد ایک نیا نام

امریکہ کی جیسمین مسیح کے پاس آنے سے پہلے تین اسقاط حمل کر چکی تھی۔ اگرچہ وہ بچ گئی تھی، وہ خود کو معاف نہیں کر سکتی تھی۔ ہر ماں کا دن ایک لعنت کی طرح محسوس ہوتا تھا۔ جب لوگ بچوں یا والدین کے بارے میں بات کرتے تھے، تو وہ پوشیدہ محسوس کرتی تھی - اور اس سے بھی بدتر، نااہل تھی۔

— خواتین کے اعتکاف کے دوران، اس نے یسعیاہ 61 پر ایک پیغام سنا "شرم کے بجائے، ایک دوہرا حصہ۔" وہ رو پڑی۔ اس رات، اس نے اپنے غیر پیدا ہونے والے بچوں کو خط لکھے، خداوند کے سامنے دوبارہ توبہ کی، اور یسوع کے نئے ناموں کے حوالے سے ایک رویا ملا: "پیاری ماں،" "بحال۔"۔

اب وہ اسقاط حمل کے بعد کی خواتین کی خدمت کرتی ہے اور مسیح میں اپنی شناخت دوبارہ حاصل کرنے میں ان کی مدد کرتی ہے۔

ایکشن پلان - سائے سے باہر نکلیں۔

1. **شرم کو نام دیں** - جو کچھ آپ چھپا رہے ہیں یا اس کے بارے میں آپ کو قصوروار محسوس ہو رہا ہے اس کو جرنل کریں۔

2. **جھوٹ کا اعتراف کریں** - ان الزامات کو لکھیں جن پر آپ نے یقین کیا ہے (مثال کے طور پر، "میں گندا ہوں،" "میں نااہل ہوں")۔

3. **سچائی کے ساتھ بدلیں** - اپنے اوپر خدا کے کلام کو بلند آواز سے بیان کریں (نیچے صحیفے دیکھیں)۔

4. **پیغمبرانہ عمل** - کاغذ کے ٹکڑے پر لفظ "SHAME" لکھیں، پھر اسے پھاڑ دیں یا جلا دیں۔ اعلان کریں: "میں اب اس کا پابند نہیں ہوں!"

کلام پاک کے اوزار

- رومیوں 8: 1-2 - مسیح میں کوئی مذمت نہیں۔
- یسعیاہ 61:7 - شرم کا دوہرا حصہ
- زبور 34:5 – اس کی موجودگی میں چمک
- عبرانیوں 4:16 – خدا کے تخت تک دلیرانہ رسائی

- صفنیاہ 3:19-20 - خدا قوموں میں سے شرمندگی کو دور کرتا ہے۔

گروپ ایپلی کیشن اور وزارت

- شرکاء کو گمنام شرمناک بیانات لکھنے کے لیے مدعو کریں مثلاً، "میرا اسقاط حمل ہوا،" "میرے ساتھ زیادتی ہوئی،" "میں) نے دھوکہ دہی کی") اور انہیں ایک سیل بند باکس میں رکھیں۔
- یسعیاہ 61 کو بلند آواز سے پڑھیں، پھر تبادلے کے لیے دعا کی قیادت کریں — خوشی کے لیے ماتم، خوبصورتی کے لیے راکھ، عزت کے لیے شرم۔
- عبادت موسیقی چلائیں جو مسیح میں شناخت پر زور دیتا ہے۔
- ان لوگوں کے بارے میں پیشن گوئی کے الفاظ بولیں جو جانے کے لیے تیار ہیں۔

:وزارت کے اوزار

- شناختی ڈیکلریشن کارڈ
- مسح کرنے والا تیل
- آپ کہتے ہیں" (لارین ڈیگل)، "نو ابر سلیوز" یا "آپ کون" کہتے ہیں میں ہوں" جیسے گانوں کے ساتھ پلے لسٹ کی عبادت کریں۔

کلیدی بصیرت

شرم تو چور ہے۔ یہ آپ کی آواز، آپ کی خوشی اور آپ کا اختیار چرا لیتا ہے۔ یسوع نے صرف آپ کے گناہوں کو معاف نہیں کیا ۔ اس نے اس کی طاقت سے شرمندگی چھین لی۔

عکاسی جرنل

- شرم کی سب سے قدیم یاد کون سی ہے جو میں یاد کر سکتا ہوں؟
- میں اپنے بارے میں کون سے جھوٹ پر یقین کر رہا ہوں؟
- کیا میں اپنے آپ کو اس طرح دیکھنے کے لیے تیار ہوں جیسا کہ خدا مجھے دیکھتا ہے — صاف، چمکدار، اور منتخب؟

شفاء کی دعا

خُداوند یسوع، میں آپ کو اپنی شرمندگی، اپنا چھپا ہوا درد، اور مذمت کی ہر آواز لاتا ہوں۔ میں کون ہوں کے بارے میں دشمن کے جھوٹ سے اتفاق کرنے سے توبہ کرتا ہوں۔ میں آپ کی باتوں پر یقین کرنے کا انتخاب کرتا ہوں ۔ کہ مجھے معاف کیا گیا، پیار کیا گیا، اور نیا بنایا گیا۔ میں آپ کی صداقت کا لباس حاصل کرتا ہوں اور آزادی میں قدم رکھتا ہوں، میں شرم سے اور تیرے جلال میں چلا جاتا ہوں۔ یسوع کے نام میں آمین۔

دن 20: گھریلو جادوگرنی - جب اندھیرا ایک ہی چھت کے نیچے رہتا ہے

"ہر دشمن باہر نہیں ہوتا۔ کچھ مانوس چہرے پہنتے ہیں۔"
"آدمی کے دشمن اس کے اپنے گھر کے افراد ہوں گے۔"
—متی 10:36

کچھ شدید ترین روحانی لڑائیاں جنگلوں یا مزاروں میں نہیں لڑی جاتی ہیں — بلکہ سونے کے کمرے، کچن اور خاندانی قربان گاہوں میں۔ **گھریلو جادوگری** سے مراد شیطانی کارروائیاں ہیں جو کسی کے خاندان کے اندر سے ہوتی ہیں — والدین، میاں بیوی، بہن بھائی، گھر کے عملے، یا بڑھے ہوئے رشتہ دار — حسد، جادوئی مشق، آبائی قربان گاہوں، یا براہ راست روحانی ہیرا پھیری کے ذریعے۔
نجات اس وقت پیچیدہ ہو جاتی ہے جب اس میں شامل لوگ وہ ہوتے ہیں جن سے ہم پیار کرتے ہیں یا جن کے ساتھ رہتے ہیں۔

گھریلو جادوگرنی کی عالمی مثالیں۔

- **افریقہ** - ایک غیرت مند سوتیلی ماں کھانے کے ذریعے لعنت بھیجتی ہے۔ ایک بہن بھائی زیادہ کامیاب بھائی کے خلاف اسپرٹ کو پکارتا ہے۔
- **ہندوستان اور نیپال** - مائیں بچوں کو پیدائش کے وقت دیوتاؤں کے لیے وقف کرتی ہیں۔ گھر کی قربان گاہیں تقدیر کو کنٹرول کرنے کے لیے استعمال ہوتی ہیں۔
- **لاطینی امریکہ** - برجیریا یا سانٹیریا رشتہ داروں کے ذریعے میاں بیوی یا بچوں کے ساتھ جوڑ توڑ کے لیے خفیہ طور پر مشق کرتے ہیں۔
- **یورپ** - خاندانی خطوط میں پوشیدہ فری میسنری یا خفیہ قسمیں؛ نفسیاتی یا روحانی روایات ختم ہوگئیں۔
- **شمالی امریکہ** - ویکن یا نئے دور کے والدین اپنے بچوں کو کرسٹل، توانائی کی صفائی، یا ٹیرو کے ساتھ "برکت" دیتے ہیں۔

یہ طاقتیں خاندانی پیار کے پیچھے چھپ سکتی ہیں، لیکن ان کا مقصد کنٹرول، جمود، بیماری، اور روحانی غلامی ہے۔

سچی کہانی - میرے والد، گاؤں کے نبی

مغربی افریقہ سے تعلق رکھنے والی ایک عورت ایک ایسے گھر میں پلی بڑھی جہاں اس کے والد گاؤں کے ایک انتہائی معزز نبی تھے۔ باہر والوں کے لیے وہ روحانی رہنما تھے۔ بند دروازوں کے پیچھے، اس نے احاطے میں کرشموں کو دفن کیا اور احسان یا بدلہ لینے کے لیے خاندانوں کی جانب سے قربانیاں دیں۔

اس کی زندگی میں عجیب و غریب نمونے ابھرے: بار بار ڈراؤنے خواب، ناکام تعلقات، اور ناقابل وضاحت بیماری۔ جب اس نے اپنی زندگی مسیح کو دے دی، تو اس کے والد نے اس کے خلاف ہو گیا، اور اعلان کیا کہ وہ اس کی مدد کے بغیر کبھی کامیاب نہیں ہو گی۔ اس کی زندگی برسوں تک گھومتی رہی۔

مہینوں کی آدھی رات کی نمازوں اور روزوں کے بعد، روح القدس نے اسے اپنے والد کے علمی مینٹل کے ساتھ ہر روح کے بندھن کو ترک کرنے پر مجبور کیا۔ وہ اپنی دیواروں میں صحیفے دفن کرتی تھی، پرانے ٹوکن جلاتی تھی، اور روزانہ اپنی دہلیز پر مسح کرتی تھی۔ آہستہ آہستہ کامیابیاں شروع ہوئیں: اس کی صحت واپس آگئی، اس کے خواب صاف ہوگئے، اور آخر کار اس کی شادی ہوگئی۔ اب وہ گھریلو قربان گاہوں کا سامنا کرنے والی دوسری خواتین کی مدد کرتی ہے۔

ایکشن پلان - واقف روح کا مقابلہ کرنا

1. **بے عزتی کے بغیر سمجھیں** - خدا سے پوچھیں کہ وہ نفرت کے بغیر پوشیدہ طاقتوں کو ظاہر کرے۔
2. **روحانی معاہدوں کو توڑ دیں** - رسومات، قربان گاہوں، یا بولی جانے والی قسموں کے ذریعے بنائے گئے ہر روحانی بندھن کو ترک کر دیں۔
3. **روحانی طور پر الگ** - یہاں تک کہ اگر ایک ہی گھر میں رہتے ہو، آپ نماز کے ذریعے **روحانی طور پر رابطہ منقطع کر سکتے ہیں۔**
4. **اپنی جگہ کو پاک کریں** - ہر کمرے، چیز، اور دہلیز کو تیل اور صحیفے سے مسح کریں۔

کلام پاک کے اوزار

- میکاہ 7:5-7 – پڑوسی پر بھروسہ نہ کریں۔
- زبور 27:10 - "حالانکہ میرے والد اور والدہ نے مجھے چھوڑ دیا..."
- لوقا 14:26 – مسیح کو خاندان سے زیادہ پیار کرنا

- کنگز 3-11:1 - ایک قاتل ملکہ ماں سے چھپی ہوئی نجات 2
- یسعیاہ 54:17 - کوئی بھی ہتھیار جو بنایا گیا ہے کامیاب نہیں ہوگا۔

گروپ کی درخواست

- اپنے تجربات کا اشتراک کریں جہاں خاندان کے اندر سے مخالفت ہوئی تھی۔
- گھریلو مزاحمت کے دوران حکمت، دلیری اور محبت کے لیے دعا کریں۔
- رشتہ داروں کے ذریعہ کی جانے والی ہر روح کے بندھن یا بولی جانے والی لعنت سے ترک نماز کی امامت کریں۔

وزارت کے اوزار:

- مسح کرنے والا تیل
- معافی کے اعلانات
- عہد کی رہائی کی دعائیں
- زبور 91 دعا کا احاطہ

کلیدی بصیرت

خون کی لکیر ایک نعمت یا میدان جنگ ہو سکتی ہے۔ آپ کو اسے چھڑانے کے لیے بلایا جاتا ہے، اس پر حکمرانی نہیں کی جاتی۔

عکاسی جرنل

- کیا مجھے کبھی کسی قریبی سے روحانی مزاحمت ہوئی ہے؟
- ۔ کیا کوئی ایسا ہے جسے مجھے معاف کرنے کی ضرورت ہے چاہے وہ اب بھی جادو ٹونے میں کام کر رہے ہوں؟
- کیا میں الگ ہونے کے لیے تیار ہوں، چاہے اس میں رشتوں کی قیمت کیوں نہ پڑے؟

جدائی اور حفاظت کی دعا

والد، میں تسلیم کرتا ہوں کہ سب سے بڑی مخالفت میرے قریب ترین لوگوں سے ہو سکتی ہے۔ میں گھر کے ہر فرد کو دانستہ یا نادانستہ اپنی تقدیر کے خلاف کام کرنے والے کو معاف کرتا ہوں۔ میں اپنے خاندانی سلسلے کے ذریعے بنائے گئے ہر روح کے بندھن، لعنت اور عہد کو توڑتا ہوں جو آپ کی بادشاہی سے مطابقت نہیں رکھتا۔ یسوع کے خون سے، میں اپنے گھر کو مقدس کرتا ہوں اور اعلان کرتا ہوں: میرے اور میرے گھر کے لیے، ہم خُداوند کی خدمت کریں گے۔ آمین۔

دن 21 :جیزبیل روح - بہکانا، کنٹرول، اور مذہبی ہیرا پھیری

لیکن میرے پاس آپ کے خلاف ہے: آپ اس عورت ایزبل کو برداشت" کرتے ہیں، جو اپنے آپ کو ایک نبی کہتی ہے۔ اس کی تعلیم سے وہ گمراہ کرتی ہے..." - مکاشفہ 2:20
اس کا خاتمہ اچانک آئے گا، بغیر علاج کے۔" ـــامثال ۶:۱۵"

کچھ روحیں باہر سے چیخ رہی ہیں۔
ایزبل نے اندر سے سرگوشی کی۔
وہ صرف لالچ ہی نہیں کرتی — وہ **غاصبانہ، ہیرا پھیری اور بدعنوانی کرتی ہے** ، وزارتیں بکھر جاتی ہیں، شادیوں کا دم گھٹ جاتا ہے، اور قوموں کو بغاوت کی طرف مائل کیا جاتا ہے۔

ایزبل روح کیا ہے؟
:ایزبل روح

- گمراہ کرنے کے لیے پیشن گوئی کی نقل کرتا ہے۔
- قابو پانے کے لیے دلکش اور لالچ کا استعمال کرتا ہے۔
- حقیقی اتھارٹی سے نفرت کرتا ہے اور نبیوں کو خاموش کرتا ہے۔
- جھوٹی عاجزی کے پیچھے فخر کا نقاب
- اکثر قیادت یا اس کے قریبی لوگوں سے منسلک ہوتا ہے۔

یہ روح **مردوں یا عورتوں کے ذریعے کام کر سکتی ہے** ، اور یہ وہاں پروان چڑھتی ہے جہاں غیر چیک شدہ طاقت، خواہش، یا مسترد ہونے کا علاج نہیں ہوتا۔

عالمی مظاہر

- **افریقہ** - جھوٹی نبوتیں جو قربان گاہوں کو جوڑتی ہیں اور خوف کے ساتھ وفاداری کا مطالبہ کرتی ہیں۔
- **ایشیا** - روحانی حلقوں پر غلبہ حاصل کرنے کے لیے مذہبی صوفیانہ خیالات کے ساتھ بہکاوے کو ملا رہے ہیں۔
- **یورپ** - قدیم دیوی فرقوں کو بااختیار بنانے کے نام پر نئے دور کے طریقوں میں دوبارہ زندہ کیا گیا۔

- **لاطینی امریکہ** - سانٹیریا کاہنیاں "روحانی مشورے" کے ذریعے خاندانوں پر کنٹرول رکھتی ہیں۔
- **شمالی امریکہ** - سوشل میڈیا پر اثر انداز کرنے والے "خدائی نسائیت" کو فروغ دیتے ہوئے بائبل کے حوالے، اختیار، یا پاکیزگی کا مذاق اڑاتے ہیں۔

حقیقی کہانی: ایزبل جو قربان گاہ پر بیٹھی تھی۔

ایک کیریبین قوم میں، خدا کے لیے آگ میں جلنے والا گرجا گھر مدھم ہونا شروع ہو گیا — آہستہ آہستہ، باریک۔ شفاعت کرنے والا گروہ جو ایک بار آدھی رات کی نماز کے لیے ملتا تھا بکھرنے لگا۔ یوتھ منسٹری سکینڈل میں پڑ گئی۔ چرچ میں شادیاں ناکام ہونا شروع ہو گئیں، اور ایک بار آتش پادری غیر فیصلہ کن اور روحانی طور پر تھکا ہوا ہو گیا۔

اس سب کے مرکز میں ایک عورت تھی — **بہن آر**۔ خوبصورت کرشماتی، اور فیاض، بہت سے لوگوں نے ان کی تعریف کی۔ وہ ہمیشہ "رب کی طرف سے ایک لفظ" اور ہر کسی کی تقدیر کے بارے میں ایک خواب دیکھتی تھی۔ اس نے چرچ کے منصوبوں کو دل کھول کر دیا اور پادری کے قریب نشست حاصل کی۔

پردے کے پیچھے، اس نے باریک بینی سے **دوسری عورتوں کی توہین کی**، ایک جونیئر پادری کو بہکا دیا، اور تقسیم کے بیج بوئے۔ خاموشی سے حقیقی قیادت کو کمزور کرتے ہوئے اس نے خود کو ایک روحانی اتھارٹی کے طور پر کھڑا کیا۔

ایک رات، چرچ میں ایک نوعمر لڑکی نے ایک واضح خواب دیکھا - اس نے منبر کے نیچے ایک سانپ کو مائیکروفون میں سرگوشی کرتے ہوئے دیکھا۔ گھبرا کر، اس نے اسے اپنی ماں کے ساتھ شیئر کیا جو اسے پادری کے پاس لے آئی۔

قیادت نے خدا کی رہنمائی کے حصول کے لیے **3 روزہ روزہ رکھنے کا فیصلہ کیا**۔ تیسرے دن، ایک دعائیہ نشست کے دوران، سسٹر آر نے پرتشدد انداز میں اظہار کرنا شروع کیا۔ وہ سسکتی، چیختی اور دوسروں پر جادو ٹونے کا الزام لگاتی۔ اس کے بعد ایک طاقتور نجات ملی، اور اس نے اعتراف کیا: وہ اپنی نوعمری کے آخر میں ایک روحانی ترتیب میں چلی گئی تھی، جسے **گرجا گھروں میں گھس کر "ان کی آگ چرانے"** کا کام سونپا گیا تھا۔

اس سے پہلے **پانچ گرجا گھروں** میں جا چکی تھی ۔ اس کا ہتھیار بلند نہیں تھا - یہ **چاپلوسی، لالچ، جذباتی کنٹرول**، اور پیشن گوئی کی ہیرا پھیری تھی۔

آج، اس چرچ نے اپنی قربان گاہ کو دوبارہ تعمیر کیا ہے۔ منبر کو دوبارہ وقف کر دیا گیا ہے۔ اور وہ نوجوان نوعمر لڑکی؟ وہ اب ایک شعلہ بیان مبشر ہے جو خواتین کی دعائیہ تحریک کی قیادت کرتی ہے۔

ایکشن پلان - ایزبل کا مقابلہ کیسے کریں۔

1. **توبہ کریں** جس سے آپ نے ہیرا پھیری، جنسی کنٹرول، یا روحانی فخر کے ساتھ تعاون کیا ہے۔
2. **پہچانیں** — چاپلوسی، بغاوت، بہکانا، جھوٹی پیشن گوئی۔
3. **روح کے رشتے** اور ناپاک اتحاد کو توڑ دیں - خاص طور پر ہر اس شخص کے ساتھ جو آپ کو خدا کی آواز سے دور کرتا ہے۔
4. مسیح میں **اپنے اختیار کا اعلان کریں -** ایزبل ان لوگوں سے ڈرتی ہے جو جانتے ہیں کہ وہ کون ہیں۔

کتاب کا ہتھیار:

- کنگز 18-21 - ایزبل بمقابلہ ایلیاہ 1
- مکاشفہ 2:18-29 - تھیوتیرا کو مسیح کی تنبیہ
- امثال 6:16-19 – جس سے خدا نفرت کرتا ہے۔
- گلتیوں 5:19-21 – جسم کے کام

گروپ کی درخواست

- بحث: کیا آپ نے کبھی روحانی ہیرا پھیری کا مشاہدہ کیا ہے؟ اس نے اپنا بھیس کیسے بدلا؟
- ایک گروپ کے طور پر، جیزبیل کے لیے - چرچ، گھر، یا قیادت میں "عدم برداشت" کی پالیسی کا اعلان کریں۔
- **نجات کی دعا** سے گزریں یا اس کے اثر کو توڑنے کے لیے روزہ رکھیں۔
- کسی بھی وزارت یا قربان گاہ کو دوبارہ پیش کریں جس سے سمجھوتہ کیا گیا ہو۔

وزارت کے اوزار:

مسح کرنے والا تیل استعمال کریں۔ اعتراف اور معافی کے لئے جگہ بنائیں۔ عبادت کے گیت گاؤ جو **یسوع کی خداوندی کا اعلان کرتے ہیں۔**

کلیدی بصیرت

ایزبل وہاں پروان چڑھتی ہے جہاں **سمجھداری کم** اور **برداشت زیادہ ہوتی ہے** - اس کا اقتدار ختم ہو جاتا ہے جب روحانی اختیار بیدار ہوتا ہے۔

عکاسی جرنل

- کیا میں نے ہیرا پھیری کو اپنی رہنمائی کرنے کی اجازت دی ہے؟
- کیا ایسے لوگ یا اثرات ہیں جنہیں میں نے خدا کی آواز سے بلند کیا ہے؟
- کیا میں نے خوف یا قابو سے اپنی پیغمبرانہ آواز کو خاموش کر دیا ہے؟

نجات کی دعا

خداوند یسوع، میں ایزبل روح کے ساتھ ہر اتحاد کو ترک کرتا ہوں۔ میں لالچ، کنٹرول، جھوٹی پیشن گوئی، اور ہیرا پھیری کو مسترد کرتا ہوں۔ میرے دل کو فخر، خوف اور سمجھوتہ سے پاک کر دے۔ میں اپنا اختیار واپس لیتا ہوں۔ ایزبل نے میری زندگی میں جو بھی قربان گاہ بنائی ہے اسے گرا دیا جائے۔ میں آپ کو، یسوع، اپنے رشتوں، کالنگ، اور وزارت پر رب کے طور پر تخت نشین کرتا ہوں۔ مجھے سمجھداری اور دلیری سے بھر دے۔ آپ کے نام پر، آمین۔

دن 22: ازگر اور دعائیں - پابندی کی روح کو توڑتے ہوئے

"ایک دفعہ جب ہم نماز کی جگہ جا رہے تھے تو ہماری ملاقات ایک لونڈی سے ہوئی جس میں ازگر کی روح تھی..." - اعمال 16:16
"تم شیر اور جوڑنے والے کو روندیں گے..." - زبور 91:13

ایک روح ہے جو کاٹتی نہیں ہے - وہ **نچوڑتی ہے** ۔
یہ آپ کی آگ کا دم گھٹتا ہے۔ یہ آپ کی نماز کی زندگی، آپ کی سانسوں، آپ کی عبادت، آپ کے نظم و ضبط کے گرد گھومتا ہے — یہاں تک کہ آپ اس چیز کو ترک کرنا شروع کر دیں جس نے آپ کو ایک بار طاقت دی تھی۔
پائتھون کی روح ہے - ایک شیطانی قوت جو روحانی ترقی کو روکتی ہے، تقدیر میں تاخیر کرتی ہے، دعا کا گلا **گھونٹ دیتی ہے**، اور جھوٹی پیشن گوئیاں کرتی ہے ۔

عالمی مظاہر

- **افریقہ** - ازگر کی روح جھوٹی پیشن گوئی کی طاقت کے طور پر ظاہر ہوتی ہے، جو سمندری اور جنگل کے مزارات میں کام کرتی ہے۔
- **ایشیا** - سانپ کی روحوں کو دیوتاؤں کے طور پر پوجا جاتا ہے جنہیں کھانا کھلانا یا مطمئن کرنا ضروری ہے۔
- **لاطینی امریکہ** - سانٹیریا سرپینٹائن قربان گاہیں جو دولت، ہوس اور طاقت کے لیے استعمال ہوتی ہیں۔
- **یورپ** - جادو ٹونے، قسمت بتانے، اور نفسیاتی حلقوں میں سانپ کی علامتیں۔
- **شمالی امریکہ** - بغاوت اور روحانی الجھن میں جڑی جعلی پیغمبرانہ" آوازیں۔"

گواہی: وہ لڑکی جو سانس نہیں لے سکتی تھی۔
کولمبیا سے تعلق رکھنے والی ماریسول کو جب بھی وہ نماز کے لیے گھٹنے ٹیکتی تھیں سانس لینے میں تکلیف ہونے لگتی تھی۔ اس کا سینہ سخت ہو جاتا۔ اس کے خواب سانپوں کی تصویروں سے بھرے ہوئے

تھے، اس کے گلے میں کنڈلی یا بستر کے نیچے آرام کر رہے تھے۔ ڈاکٹروں کو طبی طور پر کچھ غلط نہیں ملا۔

ایک دن، اس کی دادی نے اعتراف کیا کہ ماریسول بچپن میں ایک پہاڑی روح کے لیے "سرشار" تھی جسے ایک سانپ کے طور پر جانا جاتا تھا۔ یہ ایک **"محافظ روح"** تھا ، لیکن یہ ایک قیمت کے ساتھ آیا نجات کی ایک میٹنگ کے دوران، ماریسول نے پرتشدد انداز میں چیخنا شروع کر دیا جب اس پر ہاتھ رکھے گئے۔ اس نے محسوس کیا کہ اس کے پیٹ میں، اس کے سینے کے اوپر، اور پھر اس کے منہ سے جیسے ہوا باہر نکل رہی ہے۔

اس ملاقات کے بعد سانس کی تکلیف ختم ہو گئی۔ اس کے خواب بدل گئے۔ اس نے دعائیہ مجالس کی قیادت کرنا شروع کر دی تھی - وہی چیز جو ایک بار دشمن نے اس کا گلا گھونٹنے کی کوشش کی۔

نشانیاں جو آپ ازگر کی روح کے زیر اثر ہو سکتے ہیں۔
- جب بھی آپ نماز یا عبادت کرنے کی کوشش کرتے ہیں تو تھکاوٹ اور بھاری پن
- پیغمبرانہ الجھنیں یا فریب دینے والے خواب
- گھٹن، مسدود، یا پابند ہونے کے مستقل احساسات
- واضح وجہ کے بغیر افسردگی یا مایوسی۔
- روحانی خواہش یا حوصلہ افزائی کا نقصان

ایکشن پلان - رکاوٹ کو توڑنا
1. کسی بھی خفیہ، نفسیاتی، یا آبائی تعلق سے **توبہ کریں** ۔
2. اپنے جسم اور روح کو خدا کا اکیلا قرار دیں۔
3. یسعیاہ 27:1 اور زبور 91:13 کا استعمال کرتے ہوئے **تیز اور جنگ** ۔
4. اپنے گلے، سینے اور پیروں کو مسح کریں — بولنے، سانس لینے اور سچائی میں چلنے کی آزادی کا دعویٰ کرتے ہوئے۔

نجات کے صحیفے:
- اعمال 16:16-18 – پولس نے ازگر کی روح کو باہر نکالا۔
- یسعیاہ 27:1 - خدا نے بھاگنے والے سانپ لیویتھن کو سزا دی۔
- زبور 91 - تحفظ اور اختیار
- لوقا 10:19 - سانپوں اور بچھووں کو روندنے کی طاقت

گروپ کی درخواست

- - پوچھیں: ہماری نمازی زندگی کو کس چیز نے گھٹا رہی ہے ذاتی طور پر اور کارپوریٹ؟
- ایک اجتماعی سانس لینے والی دعا کی قیادت کریں - ہر رکن پر **خُدا کی سانس** (روچ) کا اعلان کرتے ہوئے۔
- عبادت اور شفاعت میں ہر جھوٹی پیشن گوئی کے اثر یا سانپ جیسے دباؤ کو توڑ دیں۔

وزارت کے اوزار: بانسری یا سانس کے آلات کے ساتھ عبادت، رسیوں کی علامتی کٹائی، سانس لینے کی آزادی کے لیے دعائیہ سکارف۔

کلیدی بصیرت

ازگر کی روح کا دم گھٹتا ہے جسے خدا پیدا کرنا چاہتا ہے۔ اپنی سانس اور دلیری کو بحال کرنے کے لیے اس کا سامنا کرنا چاہیے۔

عکاسی جرنل

- میں نے آخری بار نماز میں مکمل آزادی کب محسوس کی؟
- کیا روحانی تھکاوٹ کے آثار ہیں جن کو میں نظر انداز کر رہا ہوں؟
- کیا میں نے نادانستہ طور پر "روحانی مشورے" کو قبول کر لیا ہے جس سے مزید الجھنیں پیدا ہوئیں؟

نجات کی دعا

باپ ، یسوع کے نام پر ، میں اپنے مقصد کو دبانے کے لئے تفویض کردہ ہر محدود روح کو توڑتا ہوں۔ میں ازگر کی روح اور تمام جھوٹی پیشن گوئی کی آوازوں کو ترک کرتا ہوں۔ میں آپ کی روح کا سانس لیتا ہوں ،اور اعلان کرتا ہوں: میں آزادانہ سانس لوں گا، دلیری سے دعا کروں گا اور سیدھا چلوں گا۔ میری زندگی کے ارد گرد جو بھی سانپ ہے اسے کاٹ کر باہر پھینک دیا گیا ہے۔ مجھے اب نجات مل جاتی ہے۔ آمین۔

دن 23: ظلم کے تخت - علاقائی مضبوط قلعوں کو توڑنا

"کیا بدکاری کا تخت جو شرعی طور پر برائی کا منصوبہ بناتا ہے، تیرے ساتھ رفاقت رکھتا ہے؟" - زبور 94:20
"ہم گوشت اور خون کے خلاف نہیں بلکہ... تاریکی کے حکمرانوں سے لڑتے ہیں" - افسیوں 6:12

وہاں غیر مرئی **تخت ہیں** — جو شہروں، قوموں، خاندانوں اور نظاموں میں قائم ہیں — جہاں شیطانی طاقتیں عہدوں، قانون سازی، بت پرستی اور طویل بغاوت کے ذریعے **قانونی طور پر حکومت کرتی ہیں**۔ یہ بے ترتیب حملے نہیں ہیں۔ یہ **تخت نشین حکام ہیں**، جن کی جڑیں ان ڈھانچے میں گہری ہیں جو نسل در نسل برائی کو برقرار رکھتی ہیں۔ جب تک یہ تخت **روحانی طور پر گرائے نہیں جاتے**، تاریکی کے چکر جاری رہیں گے - چاہے سطحی سطح پر کتنی ہی نماز پڑھی جائے۔

عالمی گڑھ اور تخت

- **افریقہ** - شاہی بلڈ لائنز اور روایتی کونسلوں میں جادوگرنی کے تخت۔
- **یورپ** - سیکولرازم، فری میسنری، اور قانونی بغاوت کا تخت۔
- **ایشیا** - آبائی مندروں اور سیاسی خاندانوں میں بت پرستی کے تخت۔
- **لاطینی امریکہ** - منشیات کی دہشت گردی، موت کے فرقوں اور بدعنوانی کا تخت۔
- **شمالی امریکہ** - بگاڑ، اسقاط حمل، اور نسلی جبر کے تخت۔

یہ تخت فیصلوں پر اثر انداز ہوتے ہیں، سچائی کو دباتے ہیں اور **تقدیر کو کھا جاتے ہیں**۔

گواہی: سٹی کونسلر کی نجات

جنوبی افریقہ کے ایک شہر میں، ایک نو منتخب مسیحی کونسلر نے دریافت کیا کہ اس سے پہلے ہر عہدے دار یا تو پاگل ہو چکا تھا، طلاق لے چکا تھا یا اچانک مر گیا تھا۔

کئی دنوں کی دعا کے بعد، خُداوند نے میونسپل عمارت کے نیچے دفن **خون کی قربانی کا تخت ظاہر کیا۔** ایک مقامی دیکھنے والے نے بہت پہلے ایک علاقائی دعوے کے حصے کے طور پر دلکش لگائے تھے۔
کونسلر نے سفارش کرنے والوں کو اکٹھا کیا، روزہ رکھا اور آدھی رات کو کونسل کے ایوانوں میں عبادت کی۔ تین راتوں کے دوران، عملے کے ارکان نے دیواروں میں عجیب و غریب چیخوں کی اطلاع دی، اور بجلی چمک اٹھی۔
ایک ہفتے کے اندر اعترافات کا سلسلہ شروع ہو گیا۔ بدعنوان معاہدوں کو بے نقاب کیا گیا، اور مہینوں کے اندر، عوامی خدمات میں بہتری آئی۔
تخت گر چکا تھا۔

ایکشن پلان - اندھیرے کو ختم کرنا

1. **تخت کی شناخت کریں** - رب سے پوچھیں کہ وہ آپ کو اپنے شہر، دفتر، خون کی لکیر، یا علاقے میں علاقائی گڑھ دکھائے۔
2. **زمین کی طرف سے توبہ کریں** (ڈینیل 9 طرز کی شفاعت)۔
3. **حکمت کے ساتھ عبادت کریں** - جب خدا کا جلال غالب آجاتا ہے تو تخت گر جاتے ہیں (دیکھیں 2 تواریخ 20)۔
4. **یسوع کے نام کو** اس ڈومین پر واحد حقیقی بادشاہ کے طور پر اعلان کریں۔

:اینکر صحیفے

- زبور 94:20 - ظلم کے تخت
- افسیوں 6:12 – حکمران اور حکام
- یسعیاہ 28:6 - ان لوگوں کے لئے انصاف کی روح جو جنگ کرتے ہیں۔
- کنگز 23 - یوسیاہ نے بت پرست قربان گاہوں اور تختوں کو 2 تباہ کیا۔

گروپ مصروفیت

- اپنے محلے یا شہر کا "روحانی نقشہ" سیشن کروائیں۔
- پوچھو: یہاں گناہ، درد، یا جبر کے چکر کیا ہیں؟
- کلیدی دروازوں کے مقامات: اسکولوں، عدالتوں، بازاروں پر ہفتہ وار نماز کے لیے "چوکیدار" مقرر کریں۔
- لیڈ گروپ زبور 149:5-9 کا استعمال کرتے ہوئے روحانی حکمرانوں کے خلاف حکم دیتا ہے۔

وزارت کے اوزار: شوفر، شہر کے نقشے، زمین کی تقدیس کے لیے زیتون کا تیل، نماز کے لیے چلنے کے لیے رہنما۔

کلیدی بصیرت

اگر آپ اپنے شہر میں تبدیلی دیکھنا چاہتے ہیں، تو آپ کو نظام کے **پیچھے تخت کو چیلنج کرنا ہوگا** - نہ صرف اس کے سامنے چہرہ۔

عکاسی جرنل

- کیا میرے شہر یا خاندان میں بار بار ہونے والی لڑائیاں ہیں جو مجھ سے بڑی محسوس کرتی ہیں؟
- کیا مجھے اس تخت کے خلاف جنگ وراثت میں ملی ہے جس پر میں نے تخت نہیں لگایا؟
- کن "حکمرانوں" کو نماز میں بیٹھنے کی ضرورت ہے؟

جنگ کی دعا

اے خُداوند، میرے سرزمین پر حکمرانی کرنے والے ہر ظلم کے تخت کو بے نقاب کر۔ میں یسوع کے نام کو واحد بادشاہ قرار دیتا ہوں! ہر چھپی ہوئی قربان گاہ، قانون، معاہدہ، یا اندھیرے کو نافذ کرنے والی طاقت آگ سے بکھر جائے۔ میں ایک سفارشی کے طور پر اپنی جگہ لیتا ہوں۔ میمنہ کے خون اور اپنی گواہی کے لفظ سے، میں تختوں کو پھاڑتا ہوں اور مسیح کو اپنے گھر، شہر اور قوم پر تخت نشین کرتا ہوں۔ یسوع کے نام پر۔ آمین۔

دن 24 :روح کے ٹکڑے - جب آپ کے کچھ حصے غائب ہوں

وہ میری جان کو بحال کرتا ہے..." - زبور 23:3"
میں تیرے زخموں کو مندمل کروں گا، رب فرماتا ہے، کیونکہ تُو"
جلاوطن کہلاتا ہے..." - یرمیاہ 30:17

صدمے میں روح کو بکھرنے کا ایک طریقہ ہوتا ہے۔ گالی۔ رد کرنا۔ خیانت۔ اچانک خوف۔ طویل غم۔ یہ تجربات صرف یادیں نہیں چھوڑتے بلکہ یہ **آپ کے اندر کے انسان کو توڑ دیتے ہیں** ۔
بہت سے لوگ آس پاس گھومتے پھرتے ہیں لیکن **اپنے آپ کو کھوئے ہوئے ٹکڑوں کے ساتھ جی رہے ہیں** ۔ ان کی خوشی بکھر جاتی ہے۔ ان - کی شناخت بکھری ہوئی ہے۔ وہ جذباتی ٹائم زونز میں پھنسے ہوئے ہیں ان کا ایک حصہ دردناک ماضی میں پھنس گیا ہے، جبکہ جسم بڑھاپے کو آگے بڑھاتا رہتا ہے۔
یہ **روح کے ٹکڑے ہیں** — آپ کے جذباتی، نفسیاتی، اور روحانی نفس کے وہ حصے جو صدمے، شیطانی مداخلت، یا جادو ٹونے کی ہیرا پھیری کی وجہ سے ٹوٹ گئے ہیں۔
جب تک وہ ٹکڑوں کو اکٹھا نہیں کیا جاتا، ٹھیک نہیں کیا جاتا، اور یسوع کے ذریعے دوبارہ مربوط نہیں کیا جاتا، **حقیقی آزادی مفقود رہتی ہے** ۔

عالمی روح چوری کے طریقے

- "**افریقہ** - جادوگرنی ڈاکٹر جار یا آئینے میں لوگوں کے "جوہر کو پکڑ رہے ہیں۔
- **ایشیا** - گرو یا تانترک پریکٹیشنرز کے ذریعہ روح کو پھنسانے کی رسومات۔
- **لاطینی امریکہ** - شمانی روح کو کنٹرول یا لعنت کے لیے تقسیم کرنا۔
- **یورپ** - خفیہ آئینے کا جادو شناخت کو توڑنے یا حق چرانے کے لیے استعمال ہوتا ہے۔
- **شمالی امریکہ** - چھیڑ چھاڑ، اسقاط حمل، یا شناخت کی الجھن سے ہونے والا صدمہ اکثر روح کے گہرے زخم اور ٹکڑے ٹکڑے کر دیتا ہے۔

کہانی: وہ لڑکی جو محسوس نہیں کر سکتی تھی۔

اسپین سے تعلق رکھنے والی 25 سالہ اینڈریا نے خاندان کے ایک فرد کی طرف سے کئی سالوں سے چھیڑ چھاڑ کا سامنا کیا۔ اگرچہ اس نے یسوع کو قبول کر لیا تھا، لیکن وہ جذباتی طور پر بے حس رہی۔ وہ رو نہیں سکتی تھی، پیار نہیں کر سکتی تھی اور نہ ہی ہمدردی محسوس کر سکتی تھی۔
ایک مہمان وزیر نے ان سے عجیب سوال کیا: "تم نے اپنی خوشی کہاں چھوڑی؟" جیسے ہی اینڈریا نے اپنی آنکھیں بند کیں، اسے یاد آیا کہ وہ 9 سال کا ہے، ایک الماری میں گھما کر خود سے کہتی ہے، "میں پھر کبھی محسوس نہیں کروں گی۔"
انہوں نے مل کر دعا کی۔ اینڈریا نے معاف کر دیا، اندرونی قسموں کو ترک کر دیا، اور یسوع کو اس مخصوص یاد میں مدعو کیا۔ وہ برسوں میں پہلی بار بے قابو ہوکر روئی تھی۔ اس دن **اس کی روح بحال ہو گئی** ۔

ایکشن پلان - روح کی بازیافت اور شفا یابی

1. روح القدس سے پوچھیں: میں نے اپنا حصہ کہاں کھو دیا؟
2. اس لمحے میں شامل کسی کو بھی معاف کر دیں، اور **اندرونی قسموں کو ترک کریں** جیسے "میں پھر کبھی بھروسہ نہیں کروں گا۔"
3. یسوع کو یاد میں مدعو کریں، اور اس لمحے میں شفا بخش بات کریں۔
4. دعا کریں: "خداوند، میری روح کو بحال کر۔ میں اپنے ہر ٹکڑے کو واپس آنے اور تندرست ہونے کو کہتا ہوں۔"

کلیدی صحیفے:

- زبور 23:3 - وہ روح کو بحال کرتا ہے۔
- لوقا 4:18 - ٹوٹے دلوں کو شفا دینا
- 1 تھیسالونیکیوں 5:23 - روح، روح اور جسم محفوظ ہیں۔
- یرمیاہ 30:17 - نکالے گئے اور زخموں کے لیے شفاء

گروپ کی درخواست

- **گائیڈڈ اندرونی شفا بخش دعائیہ سیشن کے ذریعے اراکین کی رہنمائی کریں** ۔
- پوچھیں: کیا آپ کی زندگی میں ایسے لمحات ہیں جہاں آپ نے بھروسہ کرنا، محسوس کرنا یا خواب دیکھنا چھوڑ دیا؟

- یسوع کے ساتھ "اُس کمرے میں واپس آنا" اور اُسے زخم بھرتے دیکھنا۔
- بھروسہ مند لیڈروں کے سروں پر نرمی سے ہاتھ رکھیں اور روح کی بحالی کا اعلان کریں۔

وزارت کے اوزار: عبادت موسیقی، نرم روشنی، ٹشوز، جرنلنگ کے اشارے۔

کلیدی بصیرت

نجات صرف بدروحوں کو نکالنا نہیں ہے۔ یہ **ٹوٹے ہوئے ٹکڑوں کو اکٹھا کر رہا ہے اور شناخت کو بحال کر رہا ہے** ۔

عکاسی جرنل

- کون سے تکلیف دہ واقعات اب بھی کنٹرول کرتے ہیں کہ میں آج کیسے سوچتا ہوں یا محسوس کرتا ہوں؟
- کیا میں نے کبھی کہا، "میں پھر کبھی پیار نہیں کروں گا،" یا میں اب کسی پر بھروسہ نہیں کر سکتا""؟
- مکملیت" مجھے کیسا لگتا ہے — اور کیا میں اس کے لیے" تیار ہوں؟

بحالی کی دعا

یسوع، آپ میری روح کے چرواہے ہیں۔ میں آپ کو ہر اس جگہ لاتا ہوں جہاں میں بکھر گیا ہوں — خوف، شرم، درد، یا دھوکہ دہی سے۔ میں صدمے میں بولی جانے والی ہر اندرونی قسم اور لعنت کو توڑ دیتا ہوں۔ میں ان لوگوں کو معاف کرتا ہوں جنہوں نے مجھے زخمی کیا۔ اب، میں اپنی روح کے ہر ٹکڑے کو لوٹنے کے لیے پکارتا ہوں۔ مجھے مکمل طور پر بحال کرو - روح، روح، اور جسم۔ میں ہمیشہ کے لیے ٹوٹا نہیں ہوں۔ میں آپ میں مکمل ہوں۔ یسوع کے نام پر۔ آمین۔

دن 25: عجیب بچوں کی لعنت - جب پیدائش کے وقت تقدیر کا تبادلہ ہوتا ہے

"ان کے بچے عجیب بچے ہیں، اب ایک مہینہ انہیں ان کے حصے سمیت کھا جائے گا۔" - ہوسیع 5:7

"تجھے رحم میں پیدا کرنے سے پہلے میں تجھے جانتا تھا..." - یرمیاہ 1:5

گھر میں پیدا ہونے والا ہر بچہ اس گھر کے لیے نہیں تھا۔ آپ کا ڈی این اے لے جانے والا ہر بچہ آپ کی میراث نہیں لے رہا ہے۔ دشمن نے طویل عرصے سے **پیدائش کو میدانِ جنگ کے طور پر استعمال کیا ہے** — تقدیر کا تبادلہ کرنا، جعلی اولاد پیدا کرنا، بچوں کو تاریک عہدوں میں شروع کرنا، اور حمل شروع ہونے سے پہلے ہی رحم کے ساتھ چھیڑ چھاڑ کرنا۔

— یہ صرف ایک جسمانی مسئلہ نہیں ہے۔ یہ ایک **روحانی لین دین** ہے جس میں قربان گاہیں، قربانیاں، اور شیطانی قانونی حیثیت شامل ہے۔

عجیب بچے کیا ہیں؟

"عجیب بچے" ہیں:

- خفیہ لگن، رسومات، یا جنسی عہد کے ذریعے پیدا ہونے والے بچے۔
- اولاد پیدائش کے وقت بدل جاتی ہے (روحانی یا جسمانی طور پر)۔
- ایک خاندان یا نسب میں تاریک اسائنمنٹ لے جانے والے بچے۔
- جادوگرنی، عصبیت، یا نسلی قربان گاہوں کے ذریعے رحم میں قید کی جانے والی روحیں۔

بہت سے بچے بغاوت، لت، والدین یا خود سے نفرت میں پروان چڑھتے ہیں — نہ صرف برے والدین سے بلکہ اس وجہ سے کہ **جنہوں نے پیدائش کے وقت ان کا روحانی طور پر دعویٰ کیا تھا**۔

عالمی اظہار

- **افریقہ** - ہسپتالوں میں روحانی تبادلے، سمندری روحوں یا رسمی جنسی تعلقات کے ذریعے رحم کی آلودگی۔

- **ہندوستان** - بچے پیدائش سے پہلے ہی مندروں یا کرما پر مبنی تقدیر میں شروع ہوتے ہیں۔
- **ہیٹی اور لاطینی امریکہ** - سانٹیریا کی لگن، قربان گاہوں پر یا منتر کے بعد حاملہ بچے۔
- **مغربی اقوام** - IVF اور سروگیسی کے طریقے بعض اوقات خفیہ معاہدوں یا عطیہ دہندگان کے سلسلے سے منسلک ہوتے ہیں۔ اسقاط حمل جو روحانی دروازے کھلے چھوڑ دیتے ہیں۔
- **دنیا بھر میں مقامی ثقافتیں** - روح کے نام دینے کی تقریبات یا شناخت کی ٹوٹیمک منتقلی۔

کہانی: غلط روح والا بچہ
یوگنڈا سے تعلق رکھنے والی نرس کلارا نے بتایا کہ کس طرح ایک عورت اپنے نوزائیدہ کو دعائیہ اجتماع میں لے کر آئی۔ بچہ مسلسل چیختا رہا، دودھ کو رد کرتا تھا، اور دعا پر شدید ردعمل ظاہر کرتا تھا۔
ایک پیشن گوئی کے لفظ نے انکشاف کیا کہ بچے کی پیدائش کے وقت روح میں "تبادلہ" ہوا تھا۔ ماں نے اعتراف کیا کہ ایک چڑیل ڈاکٹر نے اس کے پیٹ پر دعا کی تھی جب وہ بچے کے لیے بے چین تھی۔
توبہ اور شدید نجات کی دعاؤں کے ذریعے، بچہ لنگڑا ہو گیا، پھر پرسکون ہو گیا۔ بچہ بعد میں ترقی کی منازل طے کرتا ہے - بحال شدہ امن اور ترقی کے آثار دکھا رہا ہے۔
بچوں میں تمام پریشانیاں قدرتی نہیں ہیں۔ کچھ **تصور سے اسائنمنٹس ہیں** -

ایکشن پلان - رحم کی تقدیر کا دوبارہ دعوی کرنا

1. اگر آپ والدین ہیں تو **اپنے بچے کو نئے سرے سے یسوع مسیح کے لیے وقف کریں** -
2. کسی بھی قبل از پیدائش کی لعنتوں، وقفوں، یا عہدوں کو ترک کر دیں - یہاں تک کہ نادانستہ طور پر باپ دادا کی طرف سے کیے گئے تھے۔
3. دعا میں اپنے بچے کی روح سے براہ راست بات کریں: "آپ خدا کے ہیں، آپ کی تقدیر بحال ہو گئی ہے"۔
4. اگر بے اولاد ہو تو اپنے رحم کے اوپر دعا کریں، ہر طرح کی روحانی ہیرا پھیری یا چھیڑ چھاڑ کو مسترد کرتے ہوئے

کلیدی صحیفے:

- ہوزیا 9:11-16 – عجیب بیج پر فیصلہ
- یسعیاہ 49:25 - اپنے بچوں کے لیے لڑنا

- لوقا 1:41 – رُوح سے بھرے بچے رحم سے
- زبور 13:139-16 - رحم میں خدا کا ارادی ڈیزائن

گروپ مصروفیت

- والدین کو اپنے بچوں کے نام یا تصاویر لانے کو کہیں۔
- ہر ایک نام پر اعلان کریں: "آپ کے بچے کی شناخت بحال ہو گئی ہے۔ ہر عجیب و غریب ہاتھ کاٹ دیا گیا ہے۔"
- تمام عورتوں کے لیے روحانی رحم کی صفائی کے لیے دعا کریں (اور بیج کے روحانی کیریئر کے طور پر مرد)۔
- خون کی لکیر کی تقدیر کو دوبارہ دعوی کرنے کی علامت کے لیے کمیونین کا استعمال کریں۔

وزارت کے اوزار: کمیونین، مسح کرنے والا تیل، پرنٹ شدہ نام یا بچوں کی اشیاء (اختیاری)۔

کلیدی بصیرت

شیطان رحم کو نشانہ بناتا ہے کیونکہ **یہیں سے انبیاء، جنگجو اور تقدیر بنتے ہیں** ۔ لیکن ہر بچے کو مسیح کے ذریعے دوبارہ حاصل کیا جا سکتا ہے۔

عکاسی جرنل

- کیا میں نے حمل کے دوران یا پیدائش کے بعد کبھی عجیب خواب دیکھے ہیں؟
- کیا میرے بچے ان طریقوں سے جدوجہد کر رہے ہیں جو غیر فطری معلوم ہوتے ہیں؟
- کیا میں نسل در نسل بغاوت یا تاخیر کے روحانی ماخذ کا مقابلہ کرنے کے لیے تیار ہوں؟

نجات کی دعا

باپ، میں اپنا رحم، اپنا بیج اور اپنے بچوں کو تیری قربان گاہ پر لاتا ہوں۔ میں کسی بھی دروازے سے توبہ کرتا ہوں - معلوم یا نامعلوم - جس نے دشمن کو رسائی دی۔ میں اپنے بچوں سے جڑی ہر لعنت، لگن اور ،شیطانی تفویض کو توڑتا ہوں۔ میں ان کے بارے میں کہتا ہوں: آپ مقدس چنے ہوئے، اور خدا کے جلال کے لیے مہر بند ہیں۔ آپ کی تقدیر کو چھڑا لیا گیا ہے۔ یسوع کے نام پر۔ آمین۔

- دن 26 :طاقت کی پوشیدہ قربان گاہیں
اشرافیہ کے جادوئی عہدوں سے آزاد

پھر، شیطان اُسے ایک بہت اونچے پہاڑ پر لے گیا اور اُسے دنیا کی" تمام بادشاہتیں اور اُن کی شان و شوکت دکھائی، اُس نے کہا، 'یہ سب کچھ مَیں تجھے دوں گا،' اُس نے کہا، اگر تُو جھک کر مجھے سجدہ کرے گا۔"— متی 8:4-9۔

بہت سے لوگوں کا خیال ہے کہ شیطانی طاقت صرف بیک روم کی رسومات یا تاریک گاؤں میں پائی جاتی ہے۔ لیکن کچھ انتہائی خطرناک عہد پالش سوٹوں، اشرافیہ کے کلبوں اور کثیر نسل کے اثر و رسوخ کے پیچھے چھپے ہوئے ہیں۔

یہ **طاقت کی قربان گاہیں ہیں** - جو خون کی قسموں، شروعاتوں، خفیہ ،علامتوں، اور بولے جانے والے وعدوں سے بنی ہیں جو افراد، خاندانوں اور یہاں تک کہ پوری قوموں کو لوسیفر کے اقتدار سے منسلک کرتی ہیں۔ فری میسنری سے لے کر کبالسٹک رسومات تک، مشرقی ستاروں کی ابتداء سے لے کر قدیم مصری اور بابل کے اسرار اسکولوں تک - وہ روشن خیالی کا وعدہ کرتے ہیں لیکن غلامی فراہم کرتے ہیں۔

عالمی رابطے

- ،**یورپ اور شمالی امریکہ** - فری میسنری، روزکروسیانزم گولڈن ڈان کا آرڈر، کھوپڑی اور ہڈیاں، بوہیمین گروو، کبالہ شروع۔
- **افریقہ** – سیاسی خون کے معاہدے، حکمرانی کے لیے آبائی روح کے سودے، اعلیٰ سطحی جادوگرنی اتحاد۔
- **ایشیا** - روشن معاشرے، ڈریگن روح کے معاہدے، قدیم جادو سے منسلک خونی خاندان۔
- **لاطینی امریکہ** - سیاسی سانٹیریا، کارٹیل سے منسلک رسمی تحفظ، کامیابی اور استثنیٰ کے لیے کیے گئے معاہدے۔
- **مشرق وسطیٰ** - قدیم بابلی، آشوری رسومات مذہبی یا شاہی آڑ میں گزر گئیں۔

گواہی - ایک فری میسن کے پوتے کو آزادی ملتی ہے۔

ارجنٹائن کے ایک بااثر خاندان میں پرورش پانے والے کارلوس کو کبھی معلوم نہیں تھا کہ اس کے دادا فری میسنری کی 33 ویں ڈگری تک پہنچ چکے ہیں۔ عجیب و غریب مظاہر نے اس کی زندگی کو دوچار کر رکھا تھا - نیند کا فالج، رشتہ داری کی تخریب کاری، اور ترقی کرنے میں مسلسل ناکامی، چاہے اس نے کتنی ہی کوشش کی۔
نجات کی تعلیم میں شرکت کے بعد جس نے اشرافیہ کے جادوئی روابط کو بے نقاب کیا، اس نے اپنی خاندانی تاریخ کا سامنا کیا اور اسے میسونک ریگالیا اور چھپے ہوئے جرائد ملے۔ آدھی رات کے روزے کے دوران، اس نے خون کے ہر عہد کو ترک کر دیا اور مسیح میں آزادی کا اعلان کیا۔ اسی ہفتے، اسے ملازمت کی وہ کامیابی ملی جس کا وہ برسوں سے انتظار کر رہا تھا۔

— اونچے درجے کی قربان گاہیں اعلیٰ سطح کی مخالفت پیدا کرتی ہیں لیکن **یسوع کا خون** کسی بھی قسم یا رسم سے زیادہ بلند آواز میں بولتا ہے۔

ایکشن پلان - پوشیدہ لاج کو بے نقاب کرنا

1. **چھان بین کریں** : کیا آپ کے بلڈ لائن میں میسونک، باطنی، یا خفیہ وابستگی ہیں؟
2. میتھیو 28-10:26 پر مبنی اعلانات کا استعمال کرتے ہوئے ہر معلوم اور نامعلوم عہد کو **ترک کریں** -
3. **،جلا دیں یا ہٹا دیں** : اہرام، سب دیکھنے والی آنکھیں، کمپاس اوبلیسک، انگوٹھیاں، یا لباس۔
4. : **بلند آواز سے دعا**

میں خفیہ معاشروں، ہلکے فرقوں اور جھوٹے بھائی چاروں کے ساتھ ہر" پوشیدہ معاہدے کو توڑتا ہوں۔ میں صرف خداوند یسوع مسیح کی خدمت "کرتا ہوں۔

گروپ کی درخواست

- ممبران سے کہیں کہ وہ کسی بھی معروف یا مشتبہ اشرافیہ کے خفیہ تعلقات کو لکھیں۔
- ایک **علامتی عمل کی قیادت کریں** - کاغذات پھاڑنا، تصاویر جلانا، یا علیحدگی کی مہر کے طور پر ان کے ماتھے پر مسح کرنا۔
- رب کے ممسوح کے خلاف قومی اور خاندانی سازشوں کو توڑنے کا اعلان کرنے کے لیے **زبور 2 کا** استعمال کریں -

کلیدی بصیرت

شیطان کی سب سے بڑی گرفت اکثر رازداری اور وقار کا لباس پہنتی ہے۔ حقیقی آزادی اس وقت شروع ہوتی ہے جب آپ ان قربان گاہوں کو عبادت اور سچائی کے ساتھ بے نقاب کرتے، ترک کرتے اور بے گھر کرتے ہیں۔

عکاسی جرنل

- کیا مجھے دولت، طاقت، یا ایسے مواقع وراثت میں ملے ہیں جو روحانی طور پر "بند" محسوس کرتے ہیں؟
- کیا میرے نسب میں کوئی خفیہ روابط ہیں جنہیں میں نے نظر انداز کر دیا ہے؟
- مجھے اقتدار تک بے دین رسائی کو ختم کرنے کی کیا قیمت ادا کرنی پڑے گی — اور کیا میں تیار ہوں؟

نجات کی دعا

— باپ، میں ہر چھپی ہوئی لاج، قربان گاہ، اور معاہدے سے باہر آتا ہوں ،اپنے نام پر یا اپنے خون کی لکیر کی طرف سے۔ میں جان کے ہر بندھن ہر خون کے بندھن، اور ہر قسم کو جان بوجھ کر یا انجانے میں کاٹتا ہوں۔ یسوع، آپ میری واحد روشنی، میری واحد سچائی، اور میرا واحد احاطہ ہیں۔ آپ کی آگ کو طاقت، اثر و رسوخ، یا دھوکہ دہی کے ہر بے دین لنک کو بھسم کرنے دیں۔ مجھے یسوع کے نام پر مکمل آزادی ملتی ہے۔ آمین۔

دن 27: ناپاک اتحاد - فری میسنری، الیومیناتی اور روحانی انفلٹریشن

"اندھیرے کے بے نتیجہ کاموں سے کوئی لینا دینا نہیں، بلکہ ان کو بے نقاب کرو۔" - افسیوں 5:11
"آپ خُداوند کا پیالہ اور شیاطین کا پیالہ بھی نہیں پی سکتے۔" —1 کرنتھیوں 10:21

ایسی خفیہ سوسائٹیاں اور عالمی نیٹ ورکس موجود ہیں جو اپنے آپ کو بے ضرر برادرانہ تنظیموں کے طور پر پیش کرتے ہیں - صدقہ، تعلق یا روشن خیالی کی پیشکش کرتے ہیں۔ لیکن پردے کے پیچھے گہری قسمیں، خون کی رسومات، روح کے رشتے، اور لوسیفیرین نظریے کی تہیں "روشنی" میں لپٹی ہوئی ہیں۔
Freemasonry، Illuminati، Eastern Star، Skull and Bones، اور ان کے بہن نیٹ ورک صرف سوشل کلب نہیں ہیں۔ وہ وفاداری کی قربان گاہیں ہیں — کچھ صدیوں پرانی — خاندانوں، حکومتوں اور یہاں تک کہ گرجا گھروں میں روحانی طور پر گھسنے کے لیے ڈیزائن کی گئی ہیں۔

گلوبل فوٹ پرنٹ

- **شمالی امریکہ اور یورپ** - فری میسنری مندر، سکاٹش رائٹ لاجز، بیل کی کھوپڑی اور ہڈیاں۔
- **افریقہ** - سیاسی اور شاہی آغاز معماری رسومات، تحفظ یا طاقت کے لیے خون کے معاہدے۔
- **ایشیا** - کبالہ اسکولوں کو صوفیانہ روشن خیالی، خفیہ خانقاہی رسومات کے طور پر نقاب پوش۔
- **لاطینی امریکہ** - پوشیدہ اشرافیہ کے احکامات، سینٹیریا اشرافیہ کے اثر و رسوخ اور خون کے معاہدوں کے ساتھ ضم ہو گئے۔
- **مشرق وسطیٰ** - قدیم بابل کے خفیہ معاشرے طاقت کے ڈھانچے اور جھوٹی روشنی کی عبادت سے منسلک ہیں۔

یہ نیٹ ورک اکثر:

- خون یا بولی ہوئی قسموں کی ضرورت ہے۔
- خفیہ علامتیں استعمال کریں (کمپاس، اہرام، آنکھیں)۔

- کسی کی روح کو کسی حکم کے لیے پکارنے یا وقف کرنے کے لیے تقاریب کا انعقاد۔
- روحانی کنٹرول کے بدلے اثر و رسوخ یا دولت عطا کریں۔

گواہی ۔ ایک بشپ کا اعتراف

مشرقی افریقہ میں ایک بشپ نے اپنے چرچ کے سامنے اعتراف کیا کہ اس نے ایک بار یونیورسٹی کے دوران نچلی سطح پر فری میسنری میں شمولیت اختیار کی تھی — محض "کنکشنز" کے لیے۔ لیکن جیسے ہی وہ صفوں میں سے بڑھتا گیا، اسے عجیب تقاضے نظر آنے لگے: خاموشی کا حلف، آنکھوں پر پٹی اور علامتوں والی تقریبات، اور ایک "روشنی" جس نے اس کی نماز کی زندگی کو ٹھنڈا کر دیا۔ اس نے خواب دیکھنا چھوڑ دیا۔ وہ صحیفہ نہیں پڑھ سکتا تھا۔

توبہ اور کھلے عام ہر عہدے اور منت کی مذمت کرنے کے بعد، روحانی دھند چھٹ گئی۔ آج، وہ دلیری سے مسیح کی منادی کرتا ہے، جس چیز میں اس نے کبھی حصہ لیا تھا اسے بے نقاب کرتا ہے۔ زنجیریں پوشیدہ تھیں — ٹوٹنے تک۔

ایکشن پلان ۔ فری میسنری اور خفیہ سوسائٹی کے اثر کو توڑنا

1. Freemasonry، Rosicrucianism، Kabbalah، Skull and Bones، یا اسی طرح کے خفیہ احکامات کے ساتھ کسی بھی **ذاتی یا خاندانی شمولیت کی نشاندہی کریں** ۔
2. سے 33 ویں یا اس سے اوپر تک، تمام رسومات، ٹوکنز اور 1 حلف سمیت **ہر سطح یا ابتدائی ڈگری کو ترک کریں** ۔ (آپ کو آن لائن رہنمائی سے نجات دینے والے ترک مل سکتے ہیں۔
3. : **اختیار کے ساتھ دعا کریں** ۔
"میں ہر روح کے بندھن، خون کے عہد، اور خفیہ معاشروں سے کیے گئے حلف کو توڑتا ہوں ۔ میری طرف سے یا میری طرف سے۔ میں ایسوع مسیح کے لیے اپنی جان کا دعویٰ کرتا ہوں"
4. **علامتی اشیاء کو تباہ کریں** : ریگالیا، کتابیں، سرٹیفیکیٹ، انگوٹھی، یا فریم شدہ تصاویر۔
5. : **کا اعلان کریں**
    - گلتیوں 5:1
    - زبور 1:2-6
    - یسعیاہ 28:15-18

گروپ کی درخواست

- گروپ کو اپنی آنکھیں بند کرنے کو کہیں اور روح القدس سے کہیں کہ وہ کسی بھی خفیہ وابستگی یا خاندانی تعلقات کو ظاہر کرے۔
- کارپوریٹ دستبرداری: اشرافیہ کے احکامات کے ساتھ ہر معلوم یا نامعلوم ٹائی کی مذمت کرنے کے لئے دعا کریں۔
- وقفے پر مہر لگانے کے لیے کمیونین کا استعمال کریں اور مسیح کے ساتھ معاہدوں کو دوبارہ ترتیب دیں۔
- سروں اور ہاتھوں کو مسح کرنا - ذہن کی وضاحت اور مقدس کاموں کو بحال کرنا۔

کلیدی بصیرت

جسے دنیا "اشرافیہ" کہتی ہے، خدا اسے مکروہ کہہ سکتا ہے۔ تمام اثر مقدس نہیں ہے - اور تمام روشنی روشنی نہیں ہے. بے ضرر رازداری جیسی کوئی چیز نہیں ہے جب اس میں روحانی قسمیں شامل ہوں۔

عکاسی جرنل

- کیا میں خفیہ احکامات یا صوفیانہ روشن خیالی گروپوں کا حصہ رہا ہوں، یا اس کے بارے میں تجسس رہا ہوں؟
- کیا میرے ایمان میں روحانی اندھا پن، جمود، یا سرد پن کا کوئی ثبوت ہے؟
- کیا مجھے خاندانی شمولیت کا مقابلہ ہمت اور فضل کے ساتھ کرنے کی ضرورت ہے؟

آزادی کی دعا

خداوند یسوع، میں آپ کے سامنے واحد حقیقی روشنی کے طور پر آیا ہوں۔ میں ہر بندھن، ہر قسم، ہر جھوٹی روشنی، اور ہر پوشیدہ حکم کو ترک کرتا ہوں جو مجھ پر دعویٰ کرتا ہے۔ میں نے فری میسنری، خفیہ معاشروں، قدیم بھائی چارے، اور اندھیرے سے جڑے ہر روحانی رشتے کو کاٹ دیا۔ میں اعلان کرتا ہوں کہ میں صرف یسوع کے خون کے نیچے ہوں — مہر بند، نجات یافتہ، اور آزاد۔ آپ کی روح کو ان عہدوں کی باقیات کو جلانے دیں۔ یسوع کے نام میں، آمین۔

دن 28 :کبلہ، انرجی گرڈز اور صوفیانہ روشنی "کا لالچ"

کیونکہ شیطان خود روشنی کے فرشتے کی طرح نقاب پوش ہے۔" - 2" کرنتھیوں 11:14
تم میں روشنی تاریکی ہے - وہ اندھیرا کتنا گہرا ہے!" —لوقا 11:35"

روحانی روشن خیالی کے جنون میں مبتلا عمر میں، بہت سے لوگ نادانستہ طور پر قدیم کبالسٹک طریقوں، توانائی سے شفا یابی، اور صوفیانہ روشنی کی تعلیمات میں غوطہ زن ہیں جن کی جڑیں جادوئی عقائد میں ہیں۔ یہ تعلیمات اکثر "عیسائی تصوف،" "یہودی حکمت،" یا سائنس پر مبنی روحانیت" کے طور پر ڈھالتی ہیں - لیکن ان کی ابتدا" بابل سے ہوتی ہے، صیہون سے نہیں۔
قبالہ صرف ایک یہودی فلسفیانہ نظام نہیں ہے۔ یہ ایک روحانی میٹرکس ہے جو خفیہ کوڈز، الہی ایمنیشنز (سیفیروٹ) اور باطنی راستوں پر بنایا گیا ہے۔ ٹیرو، شماریات، رقم کے پورٹلز، اور نیو ایج گرڈز کے پیچھے یہ وہی موہک فریب ہے۔
بہت سی مشہور شخصیات، اثر و رسوخ رکھنے والے، اور کاروباری مغل سرخ تار پہنتے ہیں، کرسٹل انرجی کے ساتھ مراقبہ کرتے ہیں، یا ظہر کی پیروی کرتے ہیں یہ جانے بغیر کہ وہ روحانی پھنسنے کے ایک غیر مرئی نظام میں حصہ لے رہے ہیں۔

عالمی الجھنیں۔

- **شمالی امریکہ** - کبلہ مراکز صحت کی جگہوں کے بھیس میں۔ ہدایت یافتہ توانائی کے مراقبہ۔
- **یورپ** - ڈرویڈک کبالہ اور باطنی عیسائیت خفیہ احکامات میں پڑھائی جاتی ہے۔
- **افریقہ** - خوشحالی کے فرقے ہندسوں اور توانائی کے پورٹلز کے ساتھ صحیفے کو ملاتے ہیں۔
- **ایشیا** - چاکرا کی شفا یابی کو "لائٹ ایکٹیویشن" کے طور پر ری برانڈڈ کیا گیا ہے جو عالمگیر کوڈز کے ساتھ منسلک ہے۔
- **لاطینی امریکہ** - صوفیانہ کیتھولک ازم میں کبالسٹک آرکینجلز کے ساتھ ملا ہوا سنت۔

یہ جھوٹی روشنی کا بہکانا ہے - جہاں علم خدا بن جاتا ہے اور روشنی قید خانہ بن جاتی ہے۔

حقیقی گواہی - "روشنی کے جال" سے بچنا

ماریسول، ایک جنوبی امریکی بزنس کوچ، نے سوچا کہ اس نے ایک کبالسٹک سرپرست سے عددی علم اور "الٰہی توانائی کے بہاؤ" کے ذریعے حقیقی حکمت دریافت کی ہے۔ اس کے خواب روشن ہو گئے، اس کے خواب تیز ہو گئے۔ لیکن اس کا سکون؟ چلا گیا اس کے رشتے؟ سمٹ رہا ہے۔
اس نے اپنی روزانہ کی "ہلکی دعاؤں" کے باوجود خود کو اپنی نیند میں سایہ دار مخلوقات سے اذیت میں مبتلا پایا۔ ایک دوست نے اسے ایک سابق صوفی کی ویڈیو گواہی بھیجی جس کا یسوع سے سامنا ہوا تھا۔ اس رات ماریسول نے یسوع کو پکارا۔ اس نے ایک اندھی سفید روشنی دیکھی - صوفیانہ نہیں بلکہ خالص۔ امن لوٹ آیا۔ اس نے اپنا سامان تباہ کر دیا اور اپنی نجات کا سفر شروع کیا۔ آج، وہ روحانی فریب میں پھنسی خواتین کے لیے ایک مسیحی رہنمائی کا پلیٹ فارم چلاتی ہے۔

ایکشن پلان - جھوٹی روشنی کو ترک کرنا

1. **کا آڈٹ کریں** : کیا آپ نے صوفیانہ کتابیں پڑھی ہیں، توانائی سے شفا یابی کی مشق کی ہے، زائچہ کی پیروی کی ہے، یا سرخ تاریں پہنی ہیں؟
2. مسیح سے باہر روشنی کی تلاش کے لیے **توبہ کریں** .
3. : **تعلقات توڑ دیں**
   - قبالہ/ظہر کی تعلیمات
   - انرجی میڈیسن یا لائٹ ایکٹیویشن
   - فرشتہ کی درخواستیں یا نام کی ضابطہ کشائی
   - "مقدس جیومیٹری، شماریات، یا "کوڈز
4. : **بلند آواز سے دعا**

،یسوع، آپ دنیا کی روشنی ہیں۔ میں ہر جھوٹی روشنی، ہر جادوئی تعلیم" اور ہر صوفیانہ جال کو ترک کرتا ہوں۔ میں آپ کی طرف سچائی کا واحد "اذریعہ بن کر لوٹتا ہوں

5. : **اعلان کرنے کے لیے صحیفے**
   - یوحنا 8:12
   - استثنا 12-18:10

- یسعیاہ 2:6
- 2 کرنتھیوں 13-11:15

گروپ کی درخواست

- پوچھیں: کیا آپ (یا خاندان) نے کبھی نیو ایج، شماریات، قبالہ، یا صوفیانہ "روشنی" کی تعلیمات میں حصہ لیا ہے یا ان کا سامنا کیا ہے؟
- جھوٹی روشنی کا گروپ ترک کرنا اور یسوع کو واحد روشنی کے طور پر دوبارہ وقف کرنا۔
- نمک اور ہلکی تصویر کا استعمال کریں - ہر شریک کو ایک چٹکی بھر نمک اور ایک موم بتی دے کر اعلان کریں، "میں "صرف مسیح میں نمک اور روشنی ہوں۔

کلیدی بصیرت

ساری روشنی مقدس نہیں ہوتی۔ جو کچھ مسیح کے باہر روشن ہوتا ہے وہ آخرکار استعمال ہو جائے گا۔

عکاسی جرنل

- کیا میں نے خدا کے کلام سے باہر علم، طاقت، یا شفا کی تلاش کی ہے؟
- مجھے کن روحانی آلات یا تعلیمات سے چھٹکارا حاصل کرنے کی ضرورت ہے؟
- کیا کوئی ایسا ہے جسے میں نے نیو ایج یا "روشنی" کے طریقوں سے متعارف کرایا ہو جس کی مجھے اب رہنمائی کرنے کی ضرورت ہے؟

نجات کی دعا

باپ، میں جھوٹی روشنی، تصوف، اور خفیہ علم کے ہر جذبے سے اتفاق کرتا ہوں۔ میں قبالہ، شماریات، مقدس جیومیٹری، اور ہر تاریک ضابطے کو جو روشنی کے طور پر ظاہر کرتا ہوں ترک کرتا ہوں۔ میں اعلان کرتا ہوں کہ یسوع میری زندگی کی روشنی ہے۔ میں فریب کے راستے سے ہٹ کر سچائی کی طرف قدم رکھتا ہوں۔ مجھے اپنی آگ سے صاف کر اور مجھے روح القدس سے بھر دے۔ یسوع کے نام پر۔ آمین۔

دن 29 :الیومیناتی پردہ - اشرافیہ کے خفیہ نیٹ ورکس کو بے نقاب کرنا

"زمین کے بادشاہ اپنا موقف اختیار کرتے ہیں اور حکمران رب اور اس
کے ممسوح کے خلاف اکٹھے ہوتے ہیں۔" - زبور 2: 2
"کوئی چیز پوشیدہ نہیں ہے جو ظاہر نہیں کی جائے گی، اور کچھ بھی
پوشیدہ نہیں ہے جو ظاہر نہیں کیا جائے گا." —لوقا 8:17

ہماری دنیا کے اندر ایک دنیا ہے۔ صاف نظروں میں چھپا ہوا ہے۔
ہالی ووڈ سے لے کر اعلی مالیات تک، سیاسی راہداریوں سے لے کر موسیقی کی سلطنتوں تک، تاریک اتحادوں اور روحانی معاہدوں کا ایک نیٹ ورک ان نظاموں پر حکومت کرتا ہے جو ثقافت، فکر اور طاقت کو تشکیل دیتے ہیں۔ یہ سازش سے زیادہ ہے - یہ قدیم بغاوت ہے جسے جدید مرحلے کے لیے دوبارہ پیک کیا گیا ہے۔
اس کے مرکز میں، Illuminati، صرف ایک خفیہ معاشرہ نہیں ہے - یہ ایک Luciferian ایجنڈا ہے۔ ایک روحانی اہرام جہاں سب سے اوپر والے خون، رسم، اور روح کے تبادلے کے ذریعے وفاداری کا عہد کرتے ہیں، جو اکثر علامتوں، فیشن اور پاپ کلچر میں لپٹے ہوتے ہیں تاکہ عوام کو کنڈیشن کیا جا سکے۔
یہ پیراونیا کے بارے میں نہیں ہے۔ یہ بیداری کے بارے میں ہے۔

حقیقی کہانی - شہرت سے ایمان تک کا سفر
مارکس امریکہ میں ایک ابھرتا ہوا میوزک پروڈیوسر تھا جب ان کی تیسری بڑی ہٹ نے چارٹس کو عبور کیا، تو اس کا تعارف ایک "خصوصی کلب سے ہوا — طاقتور مرد اور خواتین، روحانی "مشاور، معاہدے رازداری میں بھیگے ہوئے تھے۔ پہلے تو یہ اشرافیہ کی رہنمائی کی طرح لگتا تھا۔ اس کے بعد "دعوت" سیشن آئے - تاریک کمرے، سرخ روشنیاں، منتر، اور آئینہ کی رسومات۔ اس نے جسم سے باہر کے سفر کا تجربہ کرنا شروع کر دیا، رات کو اس سے گانے کی آوازیں سنائی دیں۔ ایک رات، زیر اثر، اس نے اپنی جان لینے کی کوشش کی۔ لیکن یسوع نے مداخلت کی۔ دعا مانگنے والی دادی کی شفاعت ٹوٹ گئی۔ وہ بھاگ گیا، نظام کو ترک کر دیا، اور نجات کا ایک طویل سفر شروع کیا۔ آج، وہ

موسیقی کے ذریعے انڈسٹری کے اندھیروں کو بے نقاب کرتا ہے جو روشنی کی گواہی دیتا ہے۔

کنٹرول کے پوشیدہ نظام

- **خون کی قربانیاں اور جنسی رسومات** - اقتدار میں آغاز کے لیے تبادلے کی ضرورت ہوتی ہے: جسم، خون، یا معصومیت۔
- میڈیا، موسیقی، سیاست - **(الٹرا پیٹرن MK) مائنڈ پروگرامنگ** میں ٹوٹی ہوئی شناخت اور ہینڈلرز بنانے کے لیے استعمال کیا جاتا ہے۔
- **سمبولزم** - اہرام کی آنکھیں، فینکس، بساط کے فرش، اللو، اور الٹے ستارے - وفاداری کے دروازے۔
- **لوسیفیرین نظریہ** - "جو چاہو کرو،" "اپنے خدا بن جاؤ،" "لائٹ بیئرر" روشن خیالی۔

ایکشن پلان - ایلیٹ ویبس سے آزاد ہونا

1. خفیہ بااختیار بنانے سے منسلک کسی بھی نظام میں حصہ لینے کے لئے، **توبہ کریں ، یہاں تک کہ انجانے میں بھی (موسیقی میڈیا، معاہدے)۔**
2. ہر قیمت پر شہرت، پوشیدہ معاہدوں، یا اشرافیہ کے طرز زندگی سے دلچسپی **ترک کریں ۔**
3. **پر دعا کریں** جس کا آپ حصہ ہیں۔ روح القدس سے پوشیدہ تعلقات کو بے نقاب کرنے کو کہیں۔
4. : **بلند آواز سے اعلان کریں**

"میں ہر نظام، حلف اور تاریکی کی علامت کو مسترد کرتا ہوں۔ میرا تعلق روشنی کی بادشاہی سے ہے۔ میری روح فروخت کے لیے نہیں ہے۔"

5. : **اینکر صحیفے**
   - یسعیاہ 28:15-18 - موت کے ساتھ عہد قائم نہیں رہے گا۔
   - زبور 2 - خدا شریر سازشوں پر ہنستا ہے۔
   - 1 کرنتھیوں 2: 6-8 - اس زمانے کے حکمران خدا کی حکمت کو نہیں سمجھتے

گروپ کی درخواست

- **علامت صاف کرنے والے سیشن** میں گروپ کی رہنمائی کریں تصاویر یا لوگو لائیں جن کے بارے میں شرکاء کے سوالات ہیں۔
- لوگوں کی حوصلہ افزائی کریں کہ وہ اشتراک کریں کہ انہوں نے Illuminati کے نشانات کہاں دیکھے ہیں، پاپ کلچر میں اور اس نے ان کے خیالات کو کس طرح تشکیل دیا۔
- شرکاء کو مدعو کریں کہ وہ **اپنے اثر و رسوخ** (موسیقی، فیشن، میڈیا) کو مسیح کے مقصد کے لیے دوبارہ بھیجیں۔

کلیدی بصیرت

سب سے طاقتور دھوکہ وہ ہے جو گلیمر میں چھپ جائے۔ لیکن جب ماسک ہٹایا جاتا ہے تو زنجیریں ٹوٹ جاتی ہیں۔

عکاسی جرنل

- کیا میں علامتوں یا حرکتوں کی طرف راغب ہوں جو میں پوری طرح سے نہیں سمجھتا ہوں؟
- کیا میں نے اثر و رسوخ یا شہرت کے حصول کے لیے قسمیں یا معاہدے کیے ہیں؟
- مجھے اپنے تحفے یا پلیٹ فارم کا کون سا حصہ دوبارہ خدا کے حوالے کرنے کی ضرورت ہے؟

آزادی کی دعا

والد، میں Illuminati اور اشرافیہ کے جادو کے ہر پوشیدہ ڈھانچے، حلف اور اثر کو مسترد کرتا ہوں۔ میں تیرے بغیر شہرت کو، بغیر مقصد کے طاقت اور روح القدس کے بغیر علم کو ترک کرتا ہوں۔ میں جان بوجھ کر یا نادانستہ ہر خون یا لفظی عہد کو منسوخ کرتا ہوں جو مجھ پر کیا گیا تھا۔ یسوع، میں آپ کو اپنے دماغ، تحفوں، اور تقدیر پر رب کے طور پر تخت نشین کرتا ہوں۔ ہر پوشیدہ زنجیر کو بے نقاب اور تباہ کر دیں۔ تیرے نام سے میں اٹھتا ہوں، اور روشنی میں چلتا ہوں۔ آمین۔

دن 30 :پراسرار اسکول - قدیم راز، جدید غلامی

ان کے گلے کھلی قبریں ہیں، ان کی زبانیں فریب کرتی ہیں، ان کے"
ہونٹوں پر سانپوں کا زہر ہے-" - رومیوں 3:13
ہر اس چیز کو سازش نہ کہو جسے یہ لوگ سازش کہتے ہیں؛ نہ ڈرو"
- "جس سے وہ ڈرتے ہیں... خداوند قادر مطلق ہے جسے تم مقدس مانو-
یسعیاہ 13-8:12

Illuminati ،سے بہت پہلے، قدیم اسرار اسکول تھے - مصر، بابل، یونان
فارس - نہ صرف "علم" کو منتقل کرنے کے لیے بلکہ تاریک رسومات کے ذریعے مافوق الفطرت طاقت کو بیدار کرنے کے لیے ڈیزائن کیا گیا "تھا- آج، یہ اسکول اشرافیہ کی یونیورسٹیوں، روحانی اعتکاف، "آگاہی کیمپوں میں زندہ کیے جاتے ہیں، یہاں تک کہ آن لائن تربیتی کورسز کے ذریعے جو ذاتی ترقی یا اعلیٰ درجے کے شعور کی بیداری کے طور پر چھپے ہوئے ہیں-
کبالہ کے حلقوں سے تھیوسفی، ہرمیٹک آرڈرز، اور روزیکروشینزم تک مقصد ایک ہی ہے: "دیوتاؤں کی طرح بننا،" خدا کے سامنے ہتھیار - ،ڈالے بغیر خفیہ طاقت کو بیدار کرنا- پوشیدہ نعرے، مقدس جیومیٹری ایسٹرل پروجیکشن، پائنل غدود کو کھولنا، اور رسمی رسومات بہت سے لوگوں کو "روشنی" کی آڑ میں روحانی غلامی میں لاتی ہیں-
لیکن ہر ایک "روشنی" جو یسوع میں نہیں جڑی ہوئی ایک جھوٹی روشنی ہے- اور ہر چھپی ہوئی قسم کو توڑنا چاہیے-

حقیقی کہانی - ماہر سے ترک کرنے تک
سینڈرا*، ایک جنوبی افریقی فلاح و بہبود کی کوچ، کو مینٹرشپ پروگرام کے ذریعے ایک مصری پراسرار آرڈر میں شروع کیا گیا تھا- تربیت میں چکرا سیدھ، سورج کے مراقبہ، چاند کی رسمیں، اور قدیم حکمت کے طومار شامل تھے- اس نے "ڈاؤن لوڈز" اور "سنگینشنز" کا تجربہ کرنا شروع کیا لیکن جلد ہی یہ گھبراہٹ کے حملوں، نیند کے فالج اور خودکشی کے واقعات میں بدل گئے-
جب نجات کے ایک وزیر نے ماخذ کو بے نقاب کیا، سینڈرا نے محسوس کیا کہ اس کی روح منتوں اور روحانی معاہدوں کے ذریعے جڑی ہوئی ہے- آرڈر کو ترک کرنے کا مطلب آمدنی اور کنکشن کھونا تھا - لیکن اس

نے اپنی آزادی حاصل کر لی۔ آج، وہ ایک شفا یابی کا مرکز چلاتی ہے جس کا مرکز مسیح میں ہے، دوسروں کو نئے دور کے فریب سے خبردار کرتا ہے۔

آج کے اسرار اسکولوں کے مشترکہ دھاگے۔

- **،قبالہ حلقے** - یہودی تصوف جو شماریات، فرشتوں کی پوجا اور نجومی طیاروں کے ساتھ ملا ہوا ہے۔
- **ہرمیٹکزم** - "جیسا کہ اوپر، اتنا نیچے" نظریہ؛ روح کو حقیقت سے نمٹنے کے لیے بااختیار بنانا۔
- **Rosicrucians** - کیمیاوی تبدیلی اور روح کے عروج سے منسلک خفیہ احکامات۔
- **فری میسنری اور باطنی برادریاں** - پوشیدہ روشنی میں تہہ دار ترقی؛ ہر ایک ڈگری قسموں اور رسومات کے پابند ہیں۔
- **روحانی اعتکاف** - سائیکیڈیلک "روشن خیالی" کی تقریبات شمن یا "رہنمائی" کے ساتھ۔

ایکشن پلان - قدیم جوئے کو توڑنا

1. مسیح کے باہر شروع، کورسز، یا روحانی معاہدوں کے ذریعے کیے گئے تمام معاہدوں کو **ترک کر دیں** ۔
2. **منسوخ کریں** جس کی جڑیں روح القدس میں نہیں ہیں۔
3. **صاف کریں** : آنکھ، ہورس کی آنکھ، مقدس جیومیٹری، قربان گاہیں، بخور، مجسمے، یا رسمی کتابیں۔
4. **بلند آواز سے اعلان کریں** :

میں جھوٹی روشنی کے ہر قدیم اور جدید راستے کو مسترد کرتا ہوں۔" میں یسوع مسیح، حقیقی نور کے تابع ہوں۔ ہر خفیہ قسم کو اس کے خون "سے توڑا جاتا ہے۔

اینکر صحیفے

- کلسیوں 2:8 – کوئی کھوکھلا اور فریب والا فلسفہ نہیں۔
- یوحنا 1: 4-5 - حقیقی روشنی اندھیرے میں چمکتی ہے۔
- کرنتھیوں 1:19-20 1 - خدا عقلمندوں کی حکمت کو تباہ کر دیتا ہے۔

گروپ کی درخواست

- ایک علامتی "طوماروں کو جلانے" کی رات کی میزبانی کریں (اعمال 19:19) — جہاں گروپ کے اراکین کوئی بھی خفیہ کتابیں، زیورات، اشیاء لاتے اور تباہ کرتے ہیں۔
- "ان لوگوں کے لیے دعا کریں جنہوں نے عجیب علم "ڈاؤن لوڈ کیا ہے یا مراقبہ کے ذریعے تیسری آنکھ کے چکر کھولے ہیں۔
- روشنی کی منتقلی" کی دعا کے ذریعے چلائیں - روح القدس" سے ہر اس علاقے پر قبضہ کرنے کے لیے جو پہلے خفیہ روشنی کے حوالے کیے گئے تھے۔

کلیدی بصیرت

خدا سچائی کو پہیلیوں اور رسومات میں نہیں چھپاتا ۔ وہ اسے اپنے بیٹے کے ذریعے ظاہر کرتا ہے۔ "روشنی" سے بچو جو آپ کو اندھیرے کی طرف کھینچتا ہے۔

عکاسی جرنل

- کیا میں نے کسی آن لائن یا فزیکل اسکول میں شمولیت اختیار کی ہے جو قدیم حکمت، ایکٹیویشن، یا پراسرار طاقتوں کا وعدہ کرتا ہے؟
- کیا ایسی کتابیں، علامتیں، یا رسومات ہیں جن کے بارے میں میں کبھی بے ضرر سمجھتا تھا لیکن اب ان کے بارے میں مجرم محسوس کرتا ہوں؟
- میں نے خدا کے ساتھ تعلق سے زیادہ روحانی تجربہ کہاں تلاش کیا ہے؟

نجات کی دعا

خداوند یسوع، آپ راستہ، سچائی اور روشنی ہیں۔ میں ہر اس راستے کے لیے توبہ کرتا ہوں جو میں نے آپ کے کلام کو نظر انداز کیا۔ میں تمام پراسرار اسکولوں، خفیہ احکامات، حلف اور شروعات کو ترک کرتا ہوں۔ میں تمام گائیڈز، اساتذہ، روحوں، اور قدیم فریب سے جڑے نظاموں سے روح کے رشتے توڑتا ہوں۔ میرے دل کی ہر پوشیدہ جگہ پر اپنا نور چمکا اور مجھے اپنی روح کی سچائی سے بھر دے۔ یسوع کے نام پر میں آزاد چلتا ہوں۔ آمین۔

دن 31 :کبلہ، مقدس جیومیٹری اور ایلیٹ لائٹ فریب

- "کیونکہ شیطان خود اپنے آپ کو نور کے فرشتے میں تبدیل کرتا ہے۔"
کرنتھیوں 14:11 2
خفیہ چیزیں خداوند ہمارے خدا کی ہیں، لیکن جو چیزیں ظاہر کی گئی" ہیں وہ ہماری ہیں..." - استثنا 29:29

روحانی علم کی ہماری جستجو میں، ایک خطرہ ہے - "چھپی ہوئی حکمت" کا لالچ جو مسیح کے علاوہ طاقت، روشنی اور الوہیت کا وعدہ کرتا ہے۔ مشہور شخصیات کے حلقوں سے لے کر خفیہ رہائش گاہوں تک، فن سے لے کر فن تعمیر تک، دھوکہ دہی کا ایک نمونہ پوری دنیا میں اپنا راستہ بناتا ہے، جو متلاشیوں کو **کبالہ** کے باطنی جال ، **مقدس جیومیٹری** اور **اسرار کی تعلیمات کی طرف کھینچتا ہے** .
یہ بے ضرر فکری دریافتیں نہیں ہیں۔ وہ گرے ہوئے فرشتوں کے ساتھ روحانی عہد میں داخل ہونے کے راستے ہیں جو روشنی کے طور پر نقاب پوش ہیں۔

عالمی مظاہر

- **ہالی ووڈ اور میوزک انڈسٹری** - بہت سی مشہور شخصیات کھلے عام کبالہ بریسلیٹ یا ٹیٹو مقدس علامتیں (جیسے زندگی کا درخت) پہنتی ہیں جو یہودیوں کے تصوف سے متعلق ہیں۔
- **فیشن اور فن تعمیر** - میسونک ڈیزائن اور مقدس ہندسی نمونے (زندگی کا پھول، ہیکساگرام، ہورس کی آنکھ) لباس، عمارتوں اور ڈیجیٹل آرٹ میں سرایت کر گئے ہیں۔
- **مشرق وسطیٰ اور یورپ** - قبالہ کے مطالعاتی مراکز اشرافیہ کے درمیان پروان چڑھتے ہیں، جو اکثر علم نجوم، علم نجوم اور فرشتوں کی دعوتوں کے ساتھ تصوف کو ملاتے ہیں۔
- **دنیا بھر میں آن لائن اور نئے دور کے حلقے** - YouTube، TikTok، اور پوڈ کاسٹ مقدس جیومیٹری اور کبالسٹک فریم ورک پر مبنی "لائٹ کوڈز،" "انرجی پورٹلز،" "3–6–9 وائبریشنز،" اور "ڈیوائن میٹرکس" کی تعلیمات کو معمول پر لاتے ہیں۔

حقیقی کہانی - جب روشنی جھوٹ بن جاتی ہے۔

سویڈن سے تعلق رکھنے والی 27 سالہ جانا نے اپنی پسندیدہ گلوکارہ کی پیروی کرنے کے بعد کبالہ کو تلاش کرنا شروع کیا جس نے اسے اپنی تخلیقی بیداری" کا سہرا دیا۔ اس نے سرخ تار کا کڑا خریدا، جیومیٹرک" منڈالوں کے ساتھ مراقبہ شروع کیا، اور قدیم عبرانی متن سے فرشتوں کے ناموں کا مطالعہ کیا۔
حالات بدلنے لگے۔ اس کے خواب عجیب ہو گئے۔ وہ اپنی نیند میں اپنے - پاس موجود مخلوقات کو محسوس کرے گی، حکمت سرگوشی کرتی ہے اور پھر خون کا مطالبہ کرتی ہے۔ سائے اس کا پیچھا کر رہے تھے، پھر بھی وہ مزید روشنی کو چاہتی تھی۔
آخرکار، وہ آن لائن نجات کی ویڈیو سے ٹھوکر کھا گئی اور اسے احساس ہوا کہ اس کا عذاب روحانی عروج نہیں تھا، بلکہ روحانی دھوکہ تھا۔ چھ ماہ کے نجات کے سیشنوں، روزہ رکھنے، اور اس کے گھر میں موجود ہر قبالسٹک چیز کو جلانے کے بعد، امن لوٹنا شروع ہوا۔ اب وہ اپنے بلاگ کے ذریعے دوسروں کو خبردار کرتی ہے: "جھوٹی روشنی نے "مجھے تقریباً تباہ کر دیا تھا۔

راستے کا تعین کرنا
کبالہ، جب کبھی کبھی مذہبی لباس میں ملبوس ہوتا ہے، یسوع مسیح کو خدا تک پہنچنے کا واحد راستہ قرار دیتا ہے۔ یہ اکثر **"خدائی نفس" کو ، بلند کرتا ہے ، چینلنگ** اور **ٹری آف لائف کے عروج کو فروغ دیتا ہے** اور طاقت کو طلب کرنے کے لیے **ریاضیاتی تصوف کا استعمال کرتا ہے۔**
یہ مشقیں **روحانی دروازے کھولتی ہیں** - آسمان کی طرف نہیں، بلکہ ان ہستیوں کے لیے جو روشنی کے علمبردار کے طور پر نقاب پوش ہیں۔
:بہت سے کبالسٹک عقائد اس کے ساتھ ملتے ہیں

- فری میسنری
- Rosicrucianism
- گنوسٹک ازم
- لوسیفیرین روشن خیالی کے فرقے۔

عام فرق؟ مسیح کے بغیر خدائی کا حصول۔

ایکشن پلان - جھوٹی روشنی کو بے نقاب اور بے دخل کرنا

1. قبالہ، شماریات، مقدس جیومیٹری، یا "اسرار اسکول" کی تعلیمات کے ساتھ ہر مصروفیت سے **توبہ کریں** ۔
2. **اشیاء کو تباہ کر دیں** — منڈال، قربان گاہیں، قبالہ متن، کرسٹل گرڈ، مقدس علامت کے زیورات۔
3. **،جھوٹی روشنی کی روحوں کو ترک کر دیں** (مثلاً، میٹاٹرون رازیل، صوفیانہ شکل میں شیکینا) اور ہر جعلی فرشتے کو جانے کا حکم دیں۔
4. مسیح کی سادگی اور کفایت میں **غرق کر دیں (2 کرنتھیوں 11:3)**۔
5. - **تیزی سے اور** اپنے آپ کو مسح کریں - آنکھیں، پیشانی، ہاتھ تمام جھوٹی حکمت کو ترک کرتے ہوئے اور صرف خدا کے ساتھ اپنی بیعت کا اعلان کریں۔

گروپ کی درخواست

- روشنی تعلیمات"، شماریات، قبالہ میڈیا، یا مقدس علامتوں کے" ساتھ کسی بھی ملاقات کا اشتراک کریں۔
- ایک گروہ کے طور پر، ایسے جملے یا عقائد کی فہرست بنائیں جو "روحانی" لگتے ہیں لیکن مسیح کی مخالفت کرتے ہیں مثلاً، "میں الٰہی ہوں،" "کائنات فراہم کرتی ہے،" "مسیح) شعور")۔
- جان 8:12 کا اعلان کرتے ہوئے ہر ایک شخص کو تیل سے "مسح کریں - "یسوع دنیا کا نور ہے۔
- کسی بھی مواد یا اشیاء کو جلا دیں یا ضائع کریں جو مقدس جیومیٹری، تصوف، یا "الٰہی ضابطوں" کا حوالہ دیتے ہیں۔

کلیدی بصیرت

شیطان سب سے پہلے تباہ کرنے والے کے طور پر نہیں آتا ہے۔ وہ اکثر الیومینیٹر کے طور پر آتا ہے — خفیہ علم اور جھوٹی روشنی پیش کرتا ہے۔ لیکن وہ روشنی صرف گہرے اندھیرے کی طرف لے جاتی ہے۔

عکاسی جرنل

- کیا میں نے اپنی روح کو کسی بھی "روحانی روشنی" کے لیے کھولا ہے جو مسیح کو نظر انداز کرتی ہے؟
- کیا ایسی علامتیں، جملے، یا ایسی چیزیں ہیں جنہیں میں نے بے ضرر سمجھا تھا لیکن اب پورٹل کے طور پر پہچانا جاتا ہے؟
- کیا میں نے ذاتی حکمت کو بائبل کی سچائی پر بلند کیا ہے؟

نجات کی دعا

باپ، میں ہر جھوٹی روشنی، صوفیانہ تعلیم، اور خفیہ علم کو ترک کرتا ہوں جس نے میری روح کو الجھا دیا ہے۔ میں اقرار کرتا ہوں کہ صرف یسوع مسیح ہی دنیا کی حقیقی روشنی ہے۔ میں قبالہ، مقدس جیومیٹری، شماریات، اور شیاطین کے تمام عقائد کو مسترد کرتا ہوں۔ ہر جعلی جذبے کو اب میری زندگی سے اکھاڑ پھینکا جائے۔ میری آنکھوں، میرے خیالات، میرے تخیل اور میری روح کو صاف کر۔ میں اکیلا تمہارا ہوں ۔ روح، روح اور جسم۔ یسوع کے نام پر۔ آمین۔

دن 23: ناگ روح کے اندر - جب نجات بہت دیر سے آتی ہے

"ان کی آنکھیں زنا سے بھری ہوئی ہیں... وہ غیر مستحکم روحوں کو پھنساتے ہیں... انہوں نے بلعام کی راہ کی پیروی کی ہے... جن کے لیے ہمیشہ کے لیے تاریکی کا اندھیرا محفوظ ہے۔" - 2 پطرس 2:14-17
"دھوکے میں نہ رہو: خدا کا مذاق نہیں اڑایا جا سکتا، آدمی وہی کاٹتا ہے جو وہ بوتا ہے۔" —گلتیوں 6:7

ایک شیطانی جعل ہے جو روشن خیالی کے طور پر پریڈ کرتا ہے۔ یہ شفا دیتا ہے، توانائی بخشتا ہے، بااختیار بناتا ہے - لیکن صرف ایک سیزن کے لیے۔ یہ الہی اسرار کو سرگوشیاں کرتا ہے، آپ کی "تیسری آنکھ" کھولتا ہے، ریڑھ کی ہڈی میں طاقت پیدا کرتا ہے — اور پھر آپ کو **عذاب میں مبتلا کر دیتا ہے**۔

یہ **کنڈالینی ہے**۔
سانپ کی روح۔
نئے دور کی جھوٹی "مقدس روح"۔
ایک بار چالو ہونے کے بعد - یوگا، مراقبہ، سائیکیڈیلکس، صدمے، یا خفیہ رسومات کے ذریعے - یہ قوت ریڑھ کی ہڈی کی بنیاد پر جم جاتی ہے اور چکروں کے ذریعے آگ کی طرح طلوع ہوتی ہے۔ بہت سے لوگ اسے روحانی بیداری سمجھتے ہیں۔ حقیقت میں، یہ **شیطانی قبضہ** ہے جو الہی توانائی کے بھیس میں ہے۔
لیکن جب یہ دور نہیں ہوتا تو کیا ہوتا ہے؟

"حقیقی کہانی - "میں اسے بند نہیں کر سکتا
ماریسا، کینیڈا میں ایک نوجوان عیسائی عورت، مسیح کو اپنی جان دینے سے پہلے "مسیحی یوگا" میں ڈوب چکی تھی۔ وہ پرامن احساسات، کمپن روشنی کے نظارے سے محبت کرتی تھی۔ لیکن ایک شدید سیشن کے بعد - جہاں اس نے اپنی ریڑھ کی ہڈی کو "آگنا" محسوس کیا، وہ سیاہ ہوگئی اور سانس لینے سے قاصر ہو کر اٹھی۔ اس رات، کسی چیز نے **اس کی نیند کو ستانا شروع کر دیا**، اس کے جسم کو مروڑنا شروع کر دیا، اس کے خوابوں میں "یسوع" کے طور پر ظاہر ہوا — لیکن اس کا مذاق اڑایا۔
اسے پانچ بار **نجات ملی**۔ روحیں چلی جائیں گی - لیکن واپس آ جائیں گی۔ اس کی ریڑھ کی ہڈی اب بھی کانپ رہی تھی۔ اس کی آنکھوں نے مسلسل

روح کے دائرے میں دیکھا۔ اس کا جسم غیر ارادی طور پر حرکت کرتا۔ نجات کے باوجود، وہ اب ایک جہنم سے گزر رہی تھی جسے چند عیسائی سمجھتے تھے۔ اس کی روح کو بچا لیا گیا تھا — لیکن اس کی روح کی **خلاف ورزی کی گئی تھی، کھلی ہوئی پھٹ گئی تھی، اور ٹکڑے ٹکڑے ہو گئی تھی** -

اس کے بعد کوئی بھی بات نہیں کرتا

- ،**تیسری آنکھیں کھلی رہتی ہیں** : مسلسل نظریں، فریب نظر روحانی شور، "فرشتے" جھوٹ بولتے ہیں۔
- **جسم ہلنا بند نہیں کرتا** : بے قابو توانائی، کھوپڑی میں دباؤ، دل کی دھڑکن۔
- **بے رحم عذاب** : 10+ نجات کے سیشنوں کے بعد بھی۔
- **تنہائی** : پادری سمجھ نہیں پاتے۔ چرچ اس مسئلے کو نظر انداز کرتے ہیں۔ اس شخص پر "غیر مستحکم" کا لیبل لگا ہوا ہے۔
- **جہنم کا خوف** : گناہ کی وجہ سے نہیں، بلکہ اس عذاب کی وجہ سے جو ختم ہونے سے انکار کرتا ہے۔

کیا مسیحی واپسی کے کسی مقام تک پہنچ سکتے ہیں؟

جی ہاں — اس زندگی میں۔ آپ **کو بچایا جا سکتا ہے** ، لیکن اتنا بکھرا ہوا ہے کہ **آپ کی روح موت تک عذاب میں ہے** -
یہ خوف پھیلانے والا نہیں ہے۔ یہ ایک **پیشن گوئی وارننگ ہے** -

عالمی مثالیں۔

- **افریقہ** - جھوٹے نبی خدمات کے دوران کنڈالینی آگ چھوڑ رہے ہیں - لوگ جھاگ، جھاگ، ہنسنا، یا گرجتے ہیں۔
- **ایشیا** - یوگا ماسٹرز "سدھی" (شیطانی قبضے) میں چڑھتے ہیں اور اسے خدا کا شعور کہتے ہیں۔
- **یورپ/شمالی امریکہ** - نو کرشماتی تحریکیں جو "شاندار دائروں" کو چلاتی ہیں، بھونکنا، ہنسنا، بے قابو ہو جانا - خدا کی نہیں۔
- **لاطینی امریکہ** - ayahuasca کا استعمال (پلانٹ کی دوائیں) کرتے ہوئے شامی بیداری روحانی دروازے کھولنے کے لیے جو وہ بند نہیں کر سکتے۔

ایکشن پلان - اگر آپ بہت دور جا چکے ہیں۔

1. **عین مطابق پورٹل کا اعتراف کریں**: کنڈالینی یوگا، تھرڈ آئی مراقبہ، نئے دور کے چرچ، سائیکیڈیلکس، وغیرہ۔

2. **تمام نجات کا پیچھا کرنا بند کرو**: کچھ روحیں زیادہ اذیت دیتی ہیں جب آپ انہیں خوف کے ساتھ بااختیار بناتے رہتے ہیں۔

3. **اپنے آپ کو روزانہ صحیفے میں لنگر انداز کریں** — خاص طور پر زبور 119، یسعیاہ 61، اور جان 1۔ یہ روح کی تجدید کرتے ہیں۔

4. **کمیونٹی میں جمع کروائیں**: کم از کم ایک روح القدس سے بھرے مومن کو تلاش کریں جس کے ساتھ چلنے کے لیے۔ تنہائی شیطانوں کو طاقت دیتی ہے۔

5. **تمام روحانی "نظر"، آگ، علم، توانائی کو ترک کر دیں** - چاہے یہ مقدس محسوس ہو۔

6. **خدا سے رحم مانگیں** - ایک بار نہیں۔ روزانہ فی گھنٹہ قائم رہنا۔ خدا اسے فوری طور پر ہٹا نہیں سکتا، لیکن وہ آپ کو لے جائے گا.

گروپ کی درخواست

- خاموش عکاسی کا وقت رکھیں۔ پوچھو: کیا میں نے روحانی پاکیزگی پر روحانی طاقت حاصل کی ہے؟
- ان لوگوں کے لیے دعا کریں جن پر لامتناہی عذاب ہے۔ فوری آزادی کا وعدہ نہ کریں - **شاگردی کا وعدہ کریں**۔
- **روح کے پھل** (گلتیوں 5:22-23) اور **روحی مظاہر** (لرزنا گرمی، رویا) کے درمیان فرق سکھائیں۔
- ہر نئے دور کی چیز کو جلا یا تباہ کر دیں: چکرا کی علامتیں "کرسٹل، یوگا میٹ، کتابیں، تیل، "جیسس کارڈز۔

کلیدی بصیرت

ایک لکیر ہے جسے عبور کیا جا سکتا ہے - جب روح ایک کھلا گیٹ وے بن جاتی ہے اور بند ہونے سے انکار کر دیتی ہے۔ آپ کی روح کو بچایا جا سکتا ہے... لیکن آپ کی روح اور جسم اب بھی عذاب میں رہ سکتے ہیں اگر آپ جادوئی روشنی سے ناپاک ہو گئے ہیں۔

عکاسی جرنل

- کیا میں نے کبھی تقدس اور سچائی سے زیادہ طاقت، آگ، یا پیشن گوئی کی نظر کا پیچھا کیا؟
- کیا میں نے "عیسائی ہونے" کے نئے دور کے طریقوں کے ذریعے دروازے کھولے ہیں؟
- کیا میں خدا کے ساتھ روزانہ چلنے کو تیار ہوں چاہے مکمل نجات میں برسوں لگیں؟

بقا کی دعا

باپ، میں رحم کے لیے پکارتا ہوں۔ میں ہر ناگ کی روح، کنڈالینی طاقت تیسری آنکھ کھولنے، جھوٹی آگ، یا نئے دور کی جعلی چیزوں کو ترک کرتا ہوں جسے میں نے کبھی چھوا ہے۔ میں اپنی روح کو - جیسے ٹوٹا ہوا - واپس آپ کے حوالے کرتا ہوں۔ یسوع، مجھے نہ صرف گناہ سے بلکہ عذاب سے بچائیں۔ میرے دروازے بند کر دو۔ میرے دماغ کو ٹھیک کرو۔ آنکھیں بند کرو۔ میری ریڑھ کی ہڈی میں سانپ کو کچل دو۔ میں درد میں بھی تیرا انتظار کرتا ہوں۔ اور میں ہار نہیں مانوں گا۔ یسوع کے نام پر۔ آمین۔

دن 33 :ناگ روح کے اندر ۔ جب نجات بہت دیر سے آتی ہے

ان کی آنکھیں زنا سے بھری ہوئی ہیں... وہ غیر مستحکم روحوں کو" پھنساتے ہیں... انہوں نے بلعام کی راہ کی پیروی کی ہے... جن کے لیے ہمیشہ کے لیے تاریکی کا اندھیرا محفوظ ہے۔" - 2 پطرس 2:14-17
دھوکے میں نہ رہو: خدا کا مذاق نہیں اڑایا جا سکتا، آدمی وہی کاٹتا ہے" جو وہ بوتا ہے۔" —گلتیوں 6:7

ایک شیطانی جعل ہے جو روشن خیالی کے طور پر پریڈ کرتا ہے۔ یہ شفا دیتا ہے، توانائی بخشتا ہے، بااختیار بناتا ہے ۔ لیکن صرف ایک سیزن "کے لیے۔ یہ الہی اسرار کو سرگوشیاں کرتا ہے، آپ کی "تیسری آنکھ کھولتا ہے، ریڑھ کی ہڈی میں طاقت پیدا کرتا ہے — اور پھر **آپ کو عذاب میں مبتلا کر دیتا ہے** ۔
یہ **کنڈالینی ہے** ۔
سانپ **کی روح** ۔
نئے دور کی جھوٹی "مقدس روح"۔
ایک بار چالو ہونے کے بعد ۔ یوگا، مراقبہ، سائیکیڈیلکس، صدمے، یا خفیہ رسومات کے ذریعے ۔ یہ قوت ریڑھ کی ہڈی کی بنیاد پر جم جاتی ہے اور چکروں کے ذریعے آگ کی طرح طلوع ہوتی ہے۔ بہت سے لوگ اسے روحانی بیداری سمجھتے ہیں۔ حقیقت میں، یہ **شیطانی قبضہ ہے** جو الہی توانائی کے بھیس میں ہے۔
لیکن جب یہ **دور نہیں ہوتا تو کیا ہوتا ہے** ؟

"حقیقی کہانی ۔ "میں اسے بند نہیں کر سکتا
ماریسا، کینیڈا میں ایک نوجوان عیسائی عورت، مسیح کو اپنی جان دینے ،سے پہلے "مسیحی یوگا" میں ڈوب چکی تھی۔ وہ پرامن احساسات، کمپن روشنی کے نظارے سے محبت کرتی تھی۔ لیکن ایک شدید سیشن کے بعد ۔ جہاں اس نے اپنی ریڑھ کی ہڈی کو "آگنا" محسوس کیا، وہ سیاہ ہوگئی اور سانس لینے سے قاصر ہو کر اٹھی۔ اس رات، کسی چیز نے **اس کی نیند کو ستانا شروع کر دیا** ، اس کے جسم کو مروڑنا شروع کر دیا، اس کے خوابوں میں "یسوع" کے طور پر ظاہر ہوا — لیکن اس کا مذاق اڑایا۔
اسے پانچ بار **نجات ملی** ۔ روحیں چلی جائیں گی ۔ لیکن واپس آ جائیں گی۔
اس کی ریڑھ کی ہڈی اب بھی کانپ رہی تھی۔ اس کی آنکھوں نے مسلسل

روح کے دائرے میں دیکھا۔ اس کا جسم غیر ارادی طور پر حرکت کرتا۔ نجات کے باوجود، وہ اب ایک جہنم سے گزر رہی تھی جسے چند عیسائی سمجھتے تھے۔ اس کی روح کو بچا لیا گیا تھا — لیکن اس کی روح **کی خلاف ورزی کی گئی تھی، کھلی ہوئی پھٹ گئی تھی، اور ٹکڑے ٹکڑے ہو گئی تھی -**

اس کے بعد کوئی بھی بات نہیں کرتا

- **،تیسری آنکھیں کھلی رہتی ہیں** : مسلسل نظریں، فریب نظر روحانی شور، "فرشتے" جھوٹ بولتے ہیں۔
- **جسم ہلنا بند نہیں کرتا** : بے قابو توانائی، کھوپڑی میں دباؤ، دل کی دھڑکن۔
- **بے رحم عذاب** : 10+ نجات کے سیشنوں کے بعد بھی۔
- **تنہائی** : پادری سمجھ نہیں پاتے۔ چرچ اس مسئلے کو نظر انداز کرتے ہیں۔ اس شخص پر "غیر مستحکم" کا لیبل لگا ہوا ہے۔
- **جہنم کا خوف** : گناہ کی وجہ سے نہیں، بلکہ اس عذاب کی وجہ سے جو ختم ہونے سے انکار کرتا ہے۔

کیا مسیحی واپسی کے کسی مقام تک پہنچ سکتے ہیں؟

جی ہاں — اس زندگی میں۔ آپ **کو بچایا جا سکتا ہے** ، لیکن اتنا بکھرا ہوا ہے کہ **آپ کی روح موت تک عذاب میں ہے -**

یہ خوف پھیلانے والا نہیں ہے۔ یہ ایک **پیشن گوئی وارننگ ہے -**

عالمی مثالیں۔

- **افریقہ** - جھوٹے نبی خدمات کے دوران کنڈالینی آگ چھوڑ رہے ہیں - لوگ جھاگ، جھاگ، ہنسنا، یا گرجتے ہیں۔
- **ایشیا** - یوگا ماسٹرز "سدھی" (شیطانی قبضے) میں چڑھتے ہیں اور اسے خدا کا شعور کہتے ہیں۔
- **یورپ/شمالی امریکہ** - نو کرشماتی تحریکیں جو "شاندار دائروں" کو چلاتی ہیں، بھونکنا، ہنسنا، بے قابو ہو جانا - خدا کی نہیں۔
- (پلانٹ کی دوائیں) کا استعمال ayahuasca - **لاطینی امریکہ** کرتے ہوئے شامی بیداری روحانی دروازے کھولنے کے لیے جو وہ بند نہیں کر سکتے۔

ایکشن پلان - اگر آپ بہت دور جا چکے ہیں۔

1. **عین مطابق پورٹل کا اعتراف کریں**: کنڈالینی یوگا، تھرڈ آئی مراقبہ، نئے دور کے چرچ، سائیکیڈیلکس، وغیرہ۔
2. **تمام نجات کا پیچھا کرنا بند کرو**: کچھ روحیں زیادہ اذیت دیتی ہیں جب آپ انہیں خوف کے ساتھ بااختیار بناتے رہتے ہیں۔
3. **اپنے آپ کو روزانہ صحیفے میں لنگر انداز کریں** — خاص طور پر زبور 119، یسعیاہ 61، اور جان 1۔ یہ روح کی تجدید کرتے ہیں۔
4. **کمیونٹی میں جمع کروائیں**: کم از کم ایک روح القدس سے بھرے مومن کو تلاش کریں جس کے ساتھ چلنے کے لیے۔ تنہائی شیطانوں کو طاقت دیتی ہے۔
5. **تمام روحانی "نظر"، آگ، علم، توانائی کو ترک کر دیں** - چاہے یہ مقدس محسوس ہو۔
6. **خدا سے رحم مانگیں** - ایک بار نہیں۔ روزانہ فی گھنٹہ قائم رہنا۔ خدا اسے فوری طور پر ہٹا نہیں سکتا، لیکن وہ آپ کو لے جائے گا۔

گروپ کی درخواست

- خاموش عکاسی کا وقت رکھیں۔ پوچھو: کیا میں نے روحانی پاکیزگی پر روحانی طاقت حاصل کی ہے؟
- ان لوگوں کے لیے دعا کریں جن پر لامتناہی عذاب ہے۔ فوری آزادی کا وعدہ نہ کریں - **شاگردی کا وعدہ کریں**۔
- **روح کے پھل** (گلتیوں 5:22-23) اور **روحی مظاہر** (لرزنا گرمی، رویا) کے درمیان فرق سکھائیں۔
- ہر نئے دور کی چیز کو جلا یا تباہ کر دیں: چکرا کی علامتیں، کرسٹل، یوگا میٹ، کتابیں، تیل، "جیسس کارڈز"۔

کلیدی بصیرت

ایک لکیر ہے جسے عبور کیا جا سکتا ہے - جب روح ایک کھلا گیٹ وے بن جاتی ہے اور بند ہونے سے انکار کر دیتی ہے۔ آپ کی روح کو بچایا جا سکتا ہے... لیکن آپ کی روح اور جسم اب بھی عذاب میں رہ سکتے ہیں اگر آپ جادوئی روشنی سے ناپاک ہو گئے ہیں۔

عکاسی جرنل

- کیا میں نے کبھی تقدس اور سچائی سے زیادہ طاقت، آگ، یا پیشن گوئی کی نظر کا پیچھا کیا؟
- کیا میں نے "عیسائی ہونے" کے نئے دور کے طریقوں کے ذریعے دروازے کھولے ہیں؟
- کیا میں خدا کے ساتھ روزانہ چلنے کو تیار ہوں چاہے مکمل نجات میں برسوں لگیں؟

بقا کی دعا

باپ، میں رحم کے لیے پکارتا ہوں۔ میں ہر ناگ کی روح، کنڈالینی طاقت تیسری آنکھ کھولنے، جھوٹی آگ، یا نئے دور کی جعلی چیزوں کو ترک کرتا ہوں جسے میں نے کبھی چھوا ہے۔ میں اپنی روح کو - جیسے ٹوٹا ہوا - واپس آپ کے حوالے کرتا ہوں۔ یسوع، مجھے نہ صرف گناہ سے بلکہ عذاب سے بچائیں۔ میرے دروازے بند کر دو۔ میرے دماغ کو ٹھیک کرو۔ آنکھیں بند کرو۔ میری ریڑھ کی ہڈی میں سانپ کو کچل دو۔ میں درد میں بھی تیرا انتظار کرتا ہوں۔ اور میں ہار نہیں مانوں گا۔ یسوع کے نام پر۔ آمین۔

دن 34 :میسن، کوڈز اور کرسز ۔ جب اخوت غلامی بن جاتی ہے

تاریکی کے بے نتیجہ کاموں کے ساتھ کوئی رفاقت نہ رکھو، بلکہ ان کو" بے نقاب کرو۔" —افسیوں 5:11
تم اُن سے یا اُن کے معبودوں سے عہد نہ باندھو۔" —خروج 23:32"

خفیہ معاشرے کامیابی، تعلق، اور قدیم حکمت کا وعدہ کرتے ہیں۔ وہ **"قسمیں، ڈگریاں اور راز پیش کرتے ہیں** جو "اچھے آدمیوں کے لیے بھیجے جاتے ہیں۔ لیکن جس چیز کا سب سے زیادہ احساس نہیں ہے وہ یہ ہے کہ: یہ معاشرے **عہد کی قربان گاہیں ہیں** ، جو اکثر خون، دھوکہ دہی اور شیطانی بیعت پر بنی ہیں۔
سے کھوپڑی اور Rosicrucians ،فری میسنری سے لے کر کبلہ تک ، ہڈیوں تک ۔ یہ تنظیمیں صرف کلب نہیں ہیں۔ وہ **روحانی معاہدے ہیں** اندھیرے میں جعلسازی اور رسومات کے ساتھ مہربند ہیں جو **نسلوں کو لعنت بھیجتی ہیں** ۔
کچھ اپنی مرضی سے شامل ہوئے۔ دوسروں کے آباؤ اجداد تھے جنہوں نے کیا۔
کسی بھی طرح، لعنت باقی رہتی ہے ۔ جب تک کہ یہ ٹوٹ نہ جائے۔

ایک پوشیدہ میراث ۔ جیسن کی کہانی

امریکہ میں ایک کامیاب بینکر جیسن کے پاس سب کچھ تھا ۔ ایک خوبصورت خاندان، دولت اور اثر و رسوخ۔ لیکن رات کو، وہ دم گھٹتا ہوا جاگتا، چھپے ہوئے اعداد و شمار دیکھتا، اور خوابوں میں منتر سنتا۔ اس کے دادا 33 ویں ڈگری کے میسن تھے، اور جیسن اب بھی انگوٹھی پہنتا تھا۔
اس نے ایک بار مذاق میں کہا کہ ایک کلب کے پروگرام میں میسونک کی قسمیں — لیکن جیسے ہی اس نے کیا، **کچھ اس میں داخل ہوا** ۔ اس کا دماغ ٹوٹنے لگا۔ اس نے آوازیں سنی۔ اس کی بیوی نے اسے چھوڑ دیا۔
اس نے یہ سب ختم کرنے کی کوشش کی۔
اعتکاف میں، کسی نے میسونک لنک کو سمجھا۔ جیسن روتا رہا جب اس نے **ہر حلف کو ترک کیا** ، انگوٹھی توڑ دی، اور تین گھنٹے تک نجات حاصل کی۔ اس رات برسوں میں پہلی بار وہ سکون سے سوا۔

اس کی گواہی؟
آپ خفیہ قربان گاہوں کے ساتھ مذاق نہیں کرتے۔ وہ بولتے ہیں - جب" "تک کہ آپ انہیں یسوع کے نام پر بند نہ کر دیں۔

اخوان کی عالمی ویب

- **یورپ** - فری میسنری کاروبار، سیاست اور چرچ کے فرقوں میں گہرائی سے سرایت کر گئی ہے۔
- **افریقہ** – ایلومیناٹی اور روحوں کے بدلے دولت کی پیشکش کرنے والے خفیہ احکامات۔ یونیورسٹیوں میں فرقے
- **لاطینی امریکہ** - کیتھولک تصوف کے ساتھ جیسوئٹ کی دراندازی اور میسونک رسومات۔
- **ایشیا** - قدیم پراسرار اسکول، مندر کے پجاری نسل کی قسموں سے منسلک ہیں۔
- **شمالی امریکہ** – ایسٹرن سٹار، سکاٹش رائٹ، برادران جیسے کھوپڑی اور ہڈیاں، بوہیمین گروو اشرافیہ۔

یہ فرقے اکثر "خدا" کو پکارتے ہیں، لیکن **بائبل کے خدا کو نہیں** - وہ **عظیم معمار کا حوالہ دیتے ہیں، جو لوسیفیرین روشنی** سے منسلک ایک غیر شخصی قوت ہے -

نشانیاں جو آپ متاثر ہوئے ہیں۔

- دائمی بیماری جس کی وضاحت ڈاکٹر نہیں کر سکتے۔
- ترقی کا خوف یا خاندانی نظام سے ٹوٹنے کا خوف۔
- لباس، رسومات، خفیہ دروازے، قیام گاہ یا عجیب و غریب تقریبات کے خواب۔
- مردانہ لائن میں ڈپریشن یا پاگل پن۔
- بانجھ پن، بدسلوکی، یا خوف کے ساتھ جدوجہد کرنے والی خواتین۔

ڈیلیورینس ایکشن پلان

1. **تمام معروف حلفوں کو ترک کر دیں** - خاص طور پر اگر آپ یا ،آپ کا خاندان فری میسنری، روزیکروشینز، ایسٹرن سٹار، کبالا یا کسی "اخوت" کا حصہ تھے۔
2. **ہر ڈگری کو توڑ دیں** - داخل شدہ اپرنٹس سے لے کر 33 ویں ڈگری تک، نام کے لحاظ سے۔

3. **تمام علامتوں کو ختم کر دیں** - انگوٹھیاں، تہبند، کتابیں، لاکٹ سرٹیفکیٹ وغیرہ۔
4. **دروازے کو بند کریں** – روحانی اور قانونی طور پر دعا اور اعلان کے ذریعے۔

ان آیات کو استعمال کریں:

- یسعیاہ 28:18 - "موت کے ساتھ تمہارا عہد منسوخ کر دیا جائے گا"۔
- گلتیوں 3:13 - "مسیح نے ہمیں شریعت کی لعنت سے نجات دلائی"۔
- حزقی ایل 13:20-23 - "میں تیرے پردے پھاڑ دوں گا اور اپنے لوگوں کو آزاد کروں گا"۔

گروپ کی درخواست

- پوچھیں کہ کیا خفیہ معاشروں میں کسی ممبر کے والدین یا دادا دادی تھے۔
- فری میسنری کی تمام ڈگریوں کے ذریعے **رہنمائی ترک کرنے** کی رہنمائی کریں (آپ اس کے لیے ایک پرنٹ شدہ اسکرپٹ بنا سکتے ہیں)۔
- علامتی اعمال کا استعمال کریں - رسومات میں کھولی گئی "تیسری آنکھ" کو ختم کرنے کے لیے ایک پرانی انگوٹھی کو جلا دیں یا ماتھے پر صلیب کھینچیں۔
- دماغوں، گردنوں اور پیٹھوں پر دعا کریں - یہ غلامی کی عام جگہیں ہیں۔

کلیدی بصیرت
مسیح کے خون کے بغیر بھائی چارہ غلامی کا بھائی چارہ ہے۔
آپ کو انتخاب کرنا ہوگا: انسان کے ساتھ عہد یا خدا کے ساتھ عہد۔

عکاسی جرنل

- کیا میرے خاندان میں کوئی فری میسنری، تصوف، یا خفیہ قسموں میں ملوث رہا ہے؟
- کیا میں نے نادانستہ طور پر خفیہ معاشروں سے منسلک قسموں، عقائد، یا علامتوں کی تلاوت کی ہے یا ان کی نقل کی ہے؟

- کیا میں خُدا کے عہد میں مکمل طور پر چلنے کے لیے خاندانی روایت کو توڑنے کے لیے تیار ہوں؟

استغفار کی دعا

باپ، یسوع کے نام پر، میں ہر عہد، حلف، یا فری میسنری، کبالہ، یا کسی خفیہ معاشرے سے منسلک رسم کو ترک کرتا ہوں ۔ اپنی زندگی یا خون کی لکیر میں۔ میں ہر ڈگری، ہر جھوٹ، ہر شیطانی حق کو توڑتا ہوں جو تقریبات یا علامتوں کے ذریعے دیا گیا تھا۔ میں اعلان کرتا ہوں کہ یسوع مسیح میرا واحد نور، میرا واحد معمار، اور میرا واحد رب ہے۔ مجھے اب یسوع کے نام پر آزادی ملی ہے۔ آمین۔

دن 35 :پیوز میں جادوگرنیاں - جب برائی چرچ کے دروازوں سے داخل ہوتی ہے

کیونکہ ایسے لوگ جھوٹے رسول ہیں، فریب کار ہیں، اپنے آپ کو مسیح”
،کے رسولوں کا روپ دھار رہے ہیں۔ اور کوئی تعجب کی بات نہیں
کیونکہ شیطان بھی اپنے آپ کو نور کے فرشتے کا روپ دھارتا ہے۔“ - 2
کرنتھیوں 11: 13-14
میں آپ کے اعمال، آپ کی محبت اور ایمان کو جانتا ہوں ... اس کے"
باوجود، مجھے آپ کے خلاف ہے: آپ اس عورت ایزبل کو برداشت
کرتے ہیں، جو اپنے آپ کو نبی کہتی ہے ..." - مکاشفہ 2: 19-20

سب سے خطرناک چڑیل وہ نہیں ہے جو رات کو اڑتی ہو۔
یہ وہی ہے جو **چرچ میں آپ کے ساتھ بیٹھا ہے** ۔
وہ سیاہ لباس نہیں پہنتے اور نہ ہی جھاڑو کی سواری کرتے ہیں۔
وہ دعائیہ اجتماعات کی قیادت کرتے ہیں۔ عبادت کی ٹیموں پر گاتے ہیں۔
زبانوں میں پیشن گوئی کرتے ہیں۔ پادری گرجا گھر۔ اور پھر بھی... وہ
تاریکی کے بردار ہیں ۔
کچھ جانتے ہیں کہ وہ کیا کر رہے ہیں — روحانی قاتلوں کے طور پر
،بھیجا گیا ہے۔ دوسرے آبائی جادو ٹونے یا بغاوت کا شکار ہیں
ناپاک تحائف کے ساتھ کام کرتے ہیں ۔

چرچ بطور کور — "مریم کی" کہانی

مریم مغربی افریقہ کے ایک بڑے چرچ میں ایک مقبول ڈیلیورینس منسٹر تھیں۔ اس کی آواز نے بدروحوں کو بھاگنے کا حکم دیا۔ لوگوں نے اس کے ذریعہ مسح کرنے کے لئے قوموں کا سفر کیا۔
لیکن مریم کے پاس ایک راز تھا: رات کو، وہ اپنے جسم سے باہر نکل گئی۔ وہ چرچ کے ارکان کے گھروں، ان کی کمزوریوں اور ان کے خون کی لکیروں کو دیکھے گی۔ اس نے سوچا کہ یہ "نبوت" ہے۔
اس کی طاقت بڑھتی گئی۔ لیکن اسی طرح اس کا عذاب بھی۔
وہ آوازیں سننے لگی۔ سو نہ سکا۔ اس کے بچوں پر حملہ کیا گیا۔ اس کے شوہر نے اسے چھوڑ دیا۔

اس نے آخرکار اعتراف کیا: اسے بچپن میں اس کی دادی نے "فعال" کر دیا تھا، ایک طاقتور چڑیل جس نے اسے ملعون کمبلوں کے نیچے سونے دیا تھا۔

"...میں نے سوچا کہ میں روح القدس سے بھر گیا ہوں۔ یہ ایک روح تھی لیکن مقدس نہیں۔"

وہ نجات سے گزری۔ لیکن جنگ کبھی نہیں رکی۔ وہ کہتی ہیں "اگر میں نے اعتراف نہ کیا ہوتا تو میں چرچ میں آگ میں قربان گاہ پر مر جاتا۔"

چرچ میں پوشیدہ جادوگرنی کے عالمی حالات

- **افریقہ** - روحانی حسد۔ انبیاء قیاس، رسومات، پانی کی روحیں استعمال کرتے ہیں۔ بہت سی قربان گاہیں دراصل پورٹل ہیں۔
- **یورپ** - نفسیاتی میڈیم "روحانی کوچ" کا روپ دھار رہے ہیں۔ نئے دور کی عیسائیت میں لپٹی جادوگری۔
- **ایشیا** - مندروں کے پروہتیں گرجا گھروں میں لعنتیں لگانے اور ایسٹرل مانیٹر تبدیل کرنے کے لیے داخل ہو رہی ہیں۔
- **لاطینی امریکہ** - سانٹیریا کی مشق کرنے والے "پادری" جو نجات کی تبلیغ کرتے ہیں لیکن رات کو مرغیوں کی قربانی دیتے ہیں۔
- **شمالی امریکہ** - مسیحی چڑیلیں "جیسس اور ٹیرو" کا دعویٰ کرتی ہیں، چرچ کے مراحل پر توانائی کے علاج کرنے والے اور فری میسنری رسومات میں شامل پادری۔

چرچ میں جادو ٹونے کی علامات

- عبادت کے دوران شدید ماحول یا الجھن۔
- خدمات کے بعد سانپ، جنس، یا جانوروں کے خواب۔
- قیادت کا اچانک گناہ یا اسکینڈل میں پڑ جانا۔
- "پیشگوئیاں" جو ہیرا پھیری، بہکانے یا شرمندہ کرتی ہیں۔
- کوئی بھی جو کہتا ہے "خدا نے مجھے بتایا کہ تم میرے شوہر/بیوی ہو۔"
- منبر یا قربان گاہوں کے قریب پائی جانے والی عجیب و غریب چیزیں۔

ڈیلیورینس ایکشن پلان

1. **تفہیم کے لیے دعا کریں** - روح القدس سے پوچھیں کہ کیا آپ کی رفاقت میں چڑیلیں چھپی ہوئی ہیں۔
2. **ہر روح کی جانچ کریں** - چاہے وہ روحانی لگیں (1 یوحنا 4:1)۔
3. **روح کے رشتے توڑ دیں** - اگر آپ کو کسی ناپاک شخص نے دعا دی ہے، پیشین گوئی کی ہے یا اسے چھوا ہے تو اسے **ترک کر دیں**۔
4. **اپنے گرجہ گھر پر دعا کریں** — ہر چھپی ہوئی قربان گاہ، خفیہ گناہ، اور روحانی جونک کو بے نقاب کرنے کے لیے خدا کی آگ کا اعلان کریں۔
5. **اگر آپ شکار ہیں** - مدد حاصل کریں۔ خاموش یا تنہا مت رہو۔

گروپ کی درخواست

- گروپ کے اراکین سے پوچھیں: کیا آپ نے کبھی چرچ کی خدمت میں بے چینی محسوس کی ہے یا روحانی طور پر خلاف ورزی کی ہے؟
- رفاقت کے لیے **کارپوریٹ صفائی کی دعا** کی قیادت کریں۔
- ہر شخص کو مسح کریں اور دماغوں، قربان گاہوں اور تحائف کے ارد گرد ایک روحانی **فائروال کا اعلان کریں۔**
- لیڈروں کو سکھائیں کہ کس طرح **تحائف کی اسکریننگ کرنا ہے** اور لوگوں کو مرئی کرداروں میں جانے کی اجازت دینے سے پہلے اسپرٹ کی جانچ کرنا ہے۔

کلیدی بصیرت

تمام لوگ جو کہتے ہیں "خداوند، خداوند" خداوند کی طرف سے نہیں ہیں۔

چرچ روحانی آلودگی کے لیے **اہم میدان جنگ ہے** — لیکن جب سچائی کو برقرار رکھا جاتا ہے تو شفا یابی کی جگہ بھی۔

عکاسی جرنل

- کیا مجھے کسی ایسے شخص کی طرف سے دعائیں، نصیحتیں یا نصیحت ملی ہے جس کی زندگی ناپاک پھل لائے؟
- "کیا ایسے اوقات ہوتے ہیں جب میں نے گرجہ گھر کے بعد "بند" محسوس کیا، لیکن اسے نظر انداز کیا؟
- کیا میں جادو ٹونے کا مقابلہ کرنے کو تیار ہوں چاہے وہ سوٹ پہنتا ہو یا اسٹیج پر گاتا ہو؟

نمائش اور آزادی کی دعا
خداوند یسوع، میں حقیقی روشنی ہونے کے لیے آپ کا شکریہ ادا کرتا ہوں۔ میں اب آپ سے کہتا ہوں کہ میری زندگی اور رفاقت میں یا اس کے ارد گرد کام کرنے والے اندھیرے کے ہر چھپے ایجنٹ کو بے نقاب کریں۔ میں ہر اس ناپاک تربیت، جھوٹی پیشن گوئی، یا روح کے بندھن کو ترک کرتا ہوں جو مجھے روحانی دھوکے بازوں سے ملا ہے۔ مجھے اپنے خون سے پاک کر۔ میرے تحفوں کو پاک کر۔ میرے دروازوں کی حفاظت کرو۔ اپنی مقدس آگ سے ہر جعلی روح کو جلا دے۔ یسوع کے نام پر۔ آمین۔

دن 36: کوڈڈ اسپیلس - جب گانے، فیشن اور فلمیں پورٹل بن جاتی ہیں

"اندھیرے کے بے نتیجہ کاموں میں حصہ نہ لیں بلکہ ان کو بے نقاب کریں۔" — افسیوں 5:11

"بے دین افسانوں اور پرانی بیویوں کی کہانیوں سے کوئی تعلق نہ رکھو بلکہ اپنے آپ کو دیندار بننے کی تربیت دو۔" —1 تیمتھیس 4:7

ہر جنگ کا آغاز خون کی قربانی سے نہیں ہوتا۔
کچھ ایک **تھاپ سے شروع کرتے ہیں** ۔
ایک راگ۔ ایک دلکش گیت جو آپ کی روح میں چپک جاتی ہے۔ یا آپ کے کپڑوں پر ایک **علامت** جسے آپ نے سوچا تھا "ٹھنڈا"۔
یا کوئی "بے ضرر" آپ کو دکھاتا ہے جب شیاطین سائے میں مسکراتے ہیں۔
آج کی ہائپر کنیکٹڈ دنیا میں، جادو ٹونے **کو کوڈ کیا جاتا ہے** — میڈیا، موسیقی، فلموں اور فیشن کے ذریعے سادہ نظروں میں چھپا ہوا ہے۔

"ایک تاریک آواز - حقیقی کہانی: "ہیڈ فون"

امریکہ میں ایک 17 سالہ ایلیاہ کو گھبراہٹ کے حملے، راتوں کی نیند نہ آنے اور شیطانی خواب آنے لگے۔ اس کے عیسائی والدین نے سوچا کہ یہ تناؤ ہے۔
لیکن نجات کے ایک سیشن کے دوران، روح القدس نے ٹیم کو ہدایت کی کہ وہ اس کی **موسیقی کے بارے میں پوچھے** ۔
اس نے اعتراف کیا: "میں ٹریپ میٹل کو سنتا ہوں۔ میں جانتا ہوں کہ یہ "اندھیرا ہے... لیکن یہ مجھے طاقتور محسوس کرنے میں مدد کرتا ہے۔
جب ٹیم نے دعا میں اس کا ایک پسندیدہ گانا بجایا تو ایک **ظہور** ہوا۔
دھڑکنوں کو جادوئی رسومات کے **گانوں کے ساتھ انکوڈ کیا گیا تھا**۔
پیچھے کی طرف نقاب لگانے سے "اپنی روح جمع کرو" اور "لوسیفر بولتا ہے" جیسے جملے سامنے آئے۔
ایک بار جب ایلیاہ نے موسیقی کو حذف کر دیا، توبہ کی، اور کنکشن ترک کر دیا، امن واپس آ گیا۔
جنگ اس کے **کان کے دروازوں سے داخل ہو چکی تھی** ۔

گلوبل پروگرامنگ پیٹرنز

- **افریقہ** - پیسے کی رسومات سے منسلک افروبیٹ گانے؛ دھن میں چھپے "جوجو" حوالہ جات؛ سمندری بادشاہی کی علامتوں کے ساتھ فیشن برانڈز۔
- **ایشیا** – K-pop بہترین جنسی اور روحانی پیغامات کے ساتھ؛ شنٹو ڈیمن لور سے متاثر اینیمی کردار۔
- **لاطینی امریکہ** - Reggaeton Santería کے نعروں اور پسماندہ کوڈ والے منتر کو آگے بڑھا رہا ہے۔
- **یورپ** – فیشن ہاؤسز (Gucci, Balenciaga) شیطانی تصویروں اور رسومات کو رن وے کلچر میں شامل کر رہے ہیں۔
- **شمالی امریکہ** - جادو ٹونے کے ساتھ کوڈ شدہ ہالی ووڈ فلمیں (مارول، ہارر، "روشنی بمقابلہ تاریک" فلمیں)؛ بچے کاسٹنگ کو بطور تفریح استعمال کرتے ہوئے کارٹون۔

Common Entry Portals (and Their Spirit Assignments)

Media Type	Portal	Demonic Assignment
Music	Beats/samples from rituals	Torment, violence, rebellion
TV Series	Magic, lust, murder glorification	Desensitization, soul dulling
Fashion	Symbols (serpent, eye, goat, triangles)	Identity confusion, spiritual binding
Video Games	Sorcery, blood rites, avatars	Astral transfer, addiction, occult alignment
Social Media	Trends on "manifestation," crystals, spells	Sorcery normalization

ایکشن پلان - ڈسکرن، ڈیٹوکس، ڈیفنڈ

1. **اپنی پلے لسٹ، الماری، اور دیکھنے کی تاریخ کا آڈٹ کریں -** خفیہ، ہوس پرست، باغی، یا پرتشدد مواد تلاش کریں۔

2. **روح القدس سے کہیں** کہ وہ ہر ناپاک اثر کو بے نقاب کرے۔
3. **حذف کریں اور تباہ کریں** ۔ نہ بیچیں اور نہ عطیہ کریں۔ کسی بھی شیطانی چیز کو جلا یا ردی کی ٹوکری میں ڈالیں — جسمانی یا ڈیجیٹل۔
4. **اپنے آلات** ، کمرے اور کانوں پر مسح کریں۔ انہیں خدا کے جلال کے لئے مقدس قرار دیں۔
5. **سچائی کے ساتھ بدلیں** : موسیقی، خدائی فلموں، کتابوں، اور صحیفے کی تلاوت کی عبادت کریں جو آپ کے ذہن کو تازہ کریں۔

گروپ کی درخواست

- ‫"میڈیا انوینٹری" میں اراکین کی رہنمائی کریں۔ ہر فرد کو شوز، گانے، یا آئٹمز لکھنے دیں جن کے بارے میں انہیں شبہ ہے کہ وہ پورٹل ہو سکتے ہیں۔
- فون اور ہیڈ فون پر دعا کریں۔ ان پر مسح کریں۔
- ایک گروپ "ڈیٹاکس فاسٹ" کریں — 3 سے 7 دن بغیر سیکولر میڈیا کے۔ صرف خدا کے کلام، عبادت اور رفاقت پر کھانا کھلائیں۔
- اگلی میٹنگ میں نتائج کی گواہی دیں۔

کلیدی بصیرت

شیطانوں کو اب آپ کے گھر میں داخل ہونے کے لیے مزار کی ضرورت نہیں۔ انہیں بس پلے دبانے کے لیے آپ کی رضامندی کی ضرورت ہے۔

عکاسی جرنل

- میں نے کیا دیکھا، سنا یا پہنا ہے جو ظلم کا کھلا دروازہ ہو سکتا ہے؟
- کیا میں اس چیز کو ترک کرنے کے لیے تیار ہوں جو مجھے تفریح فراہم کرتی ہے اگر یہ مجھے غلام بنا رہی ہے؟
- کیا میں نے "آرٹ" کے نام پر بغاوت، ہوس، تشدد، یا تمسخر کو معمول بنا لیا ہے؟

صاف کرنے کی دعا

کے لئے detox خداوند یسوع، میں آپ کے سامنے مکمل روحانی پوچھتا ہوں. موسیقی، فیشن، گیمز، یا میڈیا کے ذریعے میں نے اپنی زندگی میں آنے والے ہر کوڈ شدہ جادو کو بے نقاب کریں۔ میں آپ کی بے عزتی دیکھنے، پہننے اور سننے سے توبہ کرتا ہوں۔ آج میں روح کے رشتے توڑتا ہوں۔ میں بغاوت، جادو ٹونے، ہوس، الجھن، یا عذاب کی ہر روح کو نکال دیتا ہوں۔ میری آنکھ، کان اور دل صاف کر۔ اب میں اپنا جسم، میڈیا اور انتخاب صرف آپ کے لیے وقف کرتا ہوں۔ یسوع کے نام پر۔ آمین۔

- دن 37 :طاقت کی غیر مرئی قربان گاہیں
فری میسنز، کبلہ، اور خفیہ اشرافیہ

پھر، شیطان اُسے ایک بہت اونچے پہاڑ پر لے گیا اور اُسے دُنیا کی"
تمام بادشاہتیں اور اُن کی شان و شوکت دکھائی۔ اُس نے کہا، 'یہ سب میں
"'تجھے دوں گا،' اُس نے کہا، 'اگر تُو جھک کر مجھے سجدہ کرے گا۔
متی 8:4-9—

تم رب کا پیالہ اور بدروحوں کا پیالہ بھی نہیں پی سکتے؛ تم میں رب"
اور شیطان دونوں کا حصہ نہیں ہو سکتا۔" —1 کرنتھیوں 10:21

قربان گاہیں غاروں میں نہیں بلکہ تختیوں میں چھپی ہوئی ہیں۔
،روحیں نہ صرف جنگلوں میں — بلکہ سرکاری ہالوں، مالیاتی ٹاوروں
"آئیوی لیگ کی لائبریریوں، اور پناہ گاہوں میں بھیس میں "گرجا گھروں
میں۔

اشرافیہ کے جادو کے دائرے میں خوش آمدید :
،فری میسنز، روزیکروشینز، کبلسٹ، جیسوٹ آرڈرز، ایسٹرن اسٹارز
اور پوشیدہ لوسیفیرین پجاری جو رسم، **رازداری اور علامتوں میں شیطان**
،کے لیے اپنی عقیدت کا لبادہ اوڑھے ہوئے ہیں ۔ ان کے دیوتا عقل
طاقت اور قدیم علم ہیں — لیکن ان کی **روحیں تاریکی میں گروی ہوئی**
ہیں ۔

سادہ نظر میں پوشیدہ

- **فری میسنری** خود کو معماروں کی برادری کے طور پر ڈھانپ لیتی ہے ۔ پھر بھی اس کی اعلیٰ ڈگریاں شیطانی ہستیوں کو پکارتی ہیں، موت کی قسمیں کھاتی ہیں، اور لوسیفر کو "روشنی بردار" کے طور پر سربلند کرتی ہیں۔
- **کبالہ** خدا تک صوفیانہ رسائی کا وعدہ کرتا ہے ۔ لیکن یہ باریک بینی سے یہوواہ کو کائناتی توانائی کے نقشوں اور اعداد و شمار سے بدل دیتا ہے۔
- **جیسوٹ تصوف** ، اپنی بگڑی ہوئی شکلوں میں، اکثر کیتھولک تصویروں کو روحانی ہیرا پھیری اور عالمی نظاموں کے کنٹرول کے ساتھ ملا دیتا ہے۔

- ،**ہالی ووڈ، فیشن، فنانس، اور سیاست** سبھی کوڈڈ پیغامات علامتیں، اور **عوامی رسومات لے کر جاتے ہیں جو واقعی لوسیفر کے لیے عبادت کی خدمات** ہیں ۔

متاثر ہونے کے لیے آپ کو مشہور شخصیت بننے کی ضرورت نہیں ہے۔
: یہ نظام **قوموں کو آلودہ کرتے ہیں**

- میڈیا پروگرامنگ
- تعلیمی نظام
- مذہبی سمجھوتہ
- مالی انحصار
- شروعات"، "وعدہ" یا "برانڈ ڈیلز" کے طور پر بھیس میں" رسومات

"سچی کہانی - "دی لاج نے میرا نسب برباد کر دیا

سلیمان (نام بدلا ہوا)، جو کہ برطانیہ سے ایک کامیاب کاروباری شخصیت ہے، نیٹ ورکنگ کے لیے ایک میسونک لاج میں شامل ہوا۔ وہ دولت اور وقار حاصل کرتے ہوئے تیزی سے اٹھ کھڑا ہوا۔ لیکن اس نے بھیانک ڈراؤنے خواب دیکھنا شروع کر دیے - پوش آدمی اسے بلواتے ہیں، خون کی قسمیں کھاتے ہیں، سیاہ جانور اس کا پیچھا کرتے ہیں۔ اس کی بیٹی نے خود کو کاٹنا شروع کر دیا، اور دعویٰ کیا کہ "موجودگی" نے اسے ایسا کرنے پر مجبور کیا۔

ایک رات، اس نے اپنے کمرے میں ایک آدمی کو دیکھا - آدھا انسان، آدھا گیدڑ - جس نے اس سے کہا: "تم میرے ہو، قیمت ادا کر دی گئی ہے۔" وہ ،نجات کی وزارت تک پہنچا۔ اس میں **سات مہینے لگ گئے ترک کرنے روزے رکھنے، قے کرنے کی رسومات، اور ہر خفیہ بندھن کو بدلنے میں** — امن آنے سے پہلے۔

اس نے بعد میں دریافت کیا: **اس کے دادا 33 ویں ڈگری کے میسن تھے۔ اس نے صرف انجانے میں میراث جاری رکھی تھی۔**

عالمی رسائی

- **افریقہ** - قبائلی حکمرانوں، ججوں، پادریوں کے درمیان خفیہ معاشرے - اقتدار کے بدلے خون کے حلف کی بیعت کرتے ہیں۔
- **یورپ** - مالٹا کے شورویروں، الومینسٹ لاجز، اور اشرافیہ کی باطنی یونیورسٹیاں۔
- **شمالی امریکہ** - زیادہ تر بانی دستاویزات، عدالتی ڈھانچے، اور یہاں تک کہ گرجا گھروں کے تحت میسونک فاؤنڈیشن۔

- **ایشیا** - پوشیدہ ڈریگن کلٹس، آبائی احکامات، اور سیاسی گروہ جن کی جڑیں بدھ مت-شامانزم ہائبرڈ میں ہیں۔
- **لاطینی امریکہ** - سنکریٹک فرقے جو کیتھولک سنتوں کو لوسیفیرین اسپرٹ جیسے سانتا مورٹے یا بافومیٹ کے ساتھ ملاتے ہیں۔

ایکشن پلان - ایلیٹ قربانگاہوں سے فرار

1. ،فری میسنری، ایسٹرن سٹار، جیسوٹ اوتھس، گنوسٹک کتابوں یا صوفیانہ نظاموں میں کسی بھی قسم کی شمولیت کو **ترک کر دیں - یہاں تک کہ اس طرح کا "تعلیمی" مطالعہ۔**
2. **تباہ کریں -**
3. **لفظی لعنتوں کو توڑ دو** - خاص طور پر موت کی قسمیں اور ابتدائی قسمیں یسعیاہ 28:18 استعمال کریں ("موت کے ساتھ تمہارا عہد منسوخ ہو جائے گا...")۔
4. حزقی ایل 8، یسعیاہ 47، اور مکاشفہ 17 کو پڑھتے ہوئے **3 دن روزہ رکھیں -**
5. **قربان گاہ کو تبدیل کریں** : اپنے آپ کو صرف مسیح کی قربان گاہ کے لیے وقف کریں (رومیوں 12:1-2)۔ کمیونین عبادت کرنا۔ مسح کرنا۔

آپ ایک ہی وقت میں جنت کی عدالتوں اور لوسیفر کی عدالتوں میں نہیں ہو سکتے۔ اپنی قربان گاہ کا انتخاب کریں۔

گروپ کی درخواست

- اپنے علاقے میں عام اشرافیہ تنظیموں کا نقشہ بنائیں — اور ان کے روحانی اثر کے خلاف براہ راست دعا کریں۔
- ایک سیشن منعقد کریں جہاں ممبران رازداری سے اعتراف کر سکیں کہ آیا ان کے خاندان فری میسنری یا اس جیسے فرقوں میں ملوث تھے۔
- تیل اور کمیونین لائیں — بڑے پیمانے پر قسموں، رسومات اور خفیہ طور پر بنائی گئی مہروں کو ترک کرنے کی قیادت کریں۔
- فخر کو توڑیں - گروپ کو یاد دلائیں: **آپ کی روح تک رسائی کے قابل نہیں ہے۔**

کلیدی بصیرت

خفیہ معاشرے روشنی کا وعدہ کرتے ہیں۔ لیکن صرف یسوع ہی دنیا کی روشنی ہے۔ ہر دوسری قربان گاہ خون کا مطالبہ کرتی ہے ۔ لیکن بچا نہیں سکتی۔

عکاسی جرنل

- کیا میری بلڈ لائن میں کوئی خفیہ معاشروں یا "حکموں" میں ملوث تھا؟
- کیا میں نے علمی نصوص کے طور پر نقاب پوش خفیہ کتابیں پڑھی ہیں یا اس کی ملکیت ہیں؟
- ،میرے لباس، آرٹ، یا زیورات میں کون سی علامتیں (پینٹاگرام سب دیکھنے والی آنکھیں، سورج، سانپ، اہرام) چھپے ہوئے ہیں؟

استغفار کی دعا

باپ، میں ہر اس خفیہ معاشرے، لاج، حلف، رسم، یا قربان گاہ کو ترک کرتا ہوں جس کی بنیاد یسوع مسیح پر نہیں رکھی گئی ہے۔ میں اپنے باپ دادا کے عہد کو توڑتا ہوں، اپنے خون کی لکیر اور اپنے منہ سے۔ میں فری میسنری، قبالہ، تصوف، اور اقتدار کے لیے کیے گئے ہر پوشیدہ معاہدے کو مسترد کرتا ہوں۔ میں ہر علامت، ہر مہر، اور ہر جھوٹ کو تباہ کرتا ہوں جس نے روشنی کا وعدہ کیا تھا لیکن غلامی سے نجات دی تھی۔ یسوع، میں آپ کو اپنے واحد مالک کے طور پر دوبارہ تخت پر بٹھاتا ہوں۔ ہر خفیہ جگہ میں اپنی روشنی چمکائیں۔ تیرے نام پر میں آزاد چلتا ہوں۔ آمین۔

دن 38 :رحم کے عہد اور پانی کی بادشاہتیں - جب پیدائش سے پہلے تقدیر ناپاک ہو جاتی ہے

شریر رحم سے ہی الگ ہو جاتے ہیں، وہ پیدا ہوتے ہی گمراہ ہو جاتے" ہیں، جھوٹ بولتے ہیں۔" - زبور 58:3
،اس سے پہلے کہ میں نے تجھے رحم میں بنایا میں تجھے جانتا تھا"
تیرے پیدا ہونے سے پہلے میں نے تجھے الگ کر دیا تھا..." - یرمیاہ 1:5
کیا ہوگا اگر آپ جو لڑائیاں لڑ رہے ہیں وہ آپ کے انتخاب سے شروع نہیں ہوتی تھیں — لیکن آپ کے تصور سے؟
کیا ہوگا اگر آپ کا نام اندھیرے والی جگہوں پر بولا جاتا جب آپ ابھی رحم میں تھے؟

کیا ہوگا اگر آپ کی پہلی سانس لینے سے پہلے **آپ کی شناخت کا تبادلہ ہو گیا** ، آپ کی **تقدیر فروخت ہو جائے** ، اور آپ کی **روح کو نشان زد کر دیا جائے** ؟
پانی کے اندر آغاز ، **سمندری روح کے عہد** ، اور **خفیہ رحم کے دعووں** کی حقیقت ہے جو **نسلوں کو باندھتے ہیں** ، خاص طور پر ان خطوں میں جہاں گہرے آبائی اور ساحلی رسومات ہیں۔

پانی کی بادشاہی - نیچے شیطان کا تخت
غیب کے دائرے میں، شیطان **صرف ہوا سے زیادہ حکمرانی کرتا ہے** -
وہ **سمندری دنیا پر بھی حکومت کرتا ہے** - سمندروں، دریاؤں اور جھیلوں کے نیچے روحوں، قربان گاہوں اور رسومات کا ایک وسیع شیطانی نیٹ ورک۔
سمندری روحیں (عام طور پر مامی واٹا ، ساحل کی ملکہ ، روحانی بیویاں/شوہر وغیرہ) اس کے لیے ذمہ دار ہیں:

- قبل از وقت موت
- بانجھ پن اور اسقاط حمل
- جنسی غلامی اور خواب
- ذہنی اذیت
- نوزائیدہ بچوں میں تکلیف
- کاروبار میں اضافے اور کریش کے نمونے۔

قانونی بنیاد کیسے حاصل کرتی ہیں ؟

رحم میں۔
پیدائش سے پہلے ان دیکھی شروعات

- **آبائی لگن** - ایک بچہ اگر صحت مند پیدا ہوا تو اس نے دیوتا سے وعدہ کیا"۔"
- حمل کے دوران رحم کو چھونے والی **خفیہ پروہتیں** ۔
- خاندان کے ذریعہ دیے گئے **عہد ناموں - نادانستہ طور پر سمندری ملکہ یا روحوں کا احترام کرنا۔**
- دریا کے پانی، دلکش، یا مزاروں سے جڑی بوٹیوں سے کی جانے والی **پیدائش کی رسومات** ۔
- منتر کے ساتھ نال **کی تدفین** ۔
- ،**خفیہ ماحول میں حمل** (مثلاً فری میسنری لاجز، نیو ایج سینٹرز کثیر الزواجی فرقے)۔

کچھ بچے پہلے ہی غلام پیدا ہوتے ہیں۔ اسی لیے وہ پیدائش کے وقت پرتشدد چیختے ہیں — ان کی روح اندھیرے کو محسوس کرتی ہے۔

"حقیقی کہانی - "میرا بچہ دریا سے تعلق رکھتا ہے

سیرا لیون سے تعلق رکھنے والی جیسیکا 5 سال سے حاملہ ہونے کی کوشش کر رہی تھیں۔ آخرکار، وہ حاملہ ہوئی جب ایک "نبی" نے اسے غسل کرنے کے لیے صابن دیا اور اس کے رحم پر رگڑنے کے لیے تیل ،دیا۔ بچہ مضبوط پیدا ہوا تھا - لیکن 3 ماہ کی عمر میں، ہمیشہ رات کو مسلسل رونا شروع کر دیا. وہ پانی سے نفرت کرتا تھا، نہانے کے دوران چیختا تھا، اور جب دریا کے قریب لے جاتا تھا تو بے قابو ہو جاتا تھا۔
ایک دن، اس کا بیٹا 4 منٹ تک آکر مر گیا۔ وہ زندہ ہو گیا - اور **9 ماہ میں مکمل الفاظ میں بولنا شروع کر دیا** : "میں یہاں سے تعلق نہیں رکھتا، میں "ملکہ سے تعلق رکھتا ہوں۔
خوفزدہ، جیسیکا نے نجات کی کوشش کی۔ بچے کو صرف 14 دن کے روزے اور ترک کرنے کی دعاؤں کے بعد رہا کیا گیا تھا - اس کے شوہر کو عذاب رکنے سے پہلے اپنے گاؤں میں چھپے ایک خاندانی بت کو تباہ کرنا پڑا۔
بچے خالی پیدا نہیں ہوتے۔ وہ لڑائیوں میں پیدا ہوئے ہیں ہمیں ان کی طرف سے لڑنا چاہیے۔

عالمی متوازی

- **افریقہ** - دریائی قربان گاہیں، مامی واٹا کی لگن، نال کی رسومات۔
- **ایشیا** - بدھ مت یا دشمن کی پیدائش کے دوران پانی کی روحوں کو پکارا جاتا ہے۔
- **یورپ** - ڈرویڈک دایہ کے عہد، آبائی آبائی رسومات، فری میسونک لگن۔
- **لاطینی امریکہ** - سانٹیریا کا نام، دریاؤں کی روح (مثال کے طور پر، اوشون)، علم نجوم کے چارٹ کے تحت پیدائش۔
- **شمالی امریکہ** - نئے دور کی پیدائش کی رسومات، روحانی رہنمائیوں کے ساتھ ہپنو برتھنگ، میڈیم کے ذریعہ "برکت کی تقریبات"۔

رحم سے شروع کی گئی بندھن کی نشانیاں

- نسل در نسل اسقاط حمل کے نمونوں کو دہرانا
- بچوں اور بچوں میں رات کی دہشت
- طبی منظوری کے باوجود غیر واضح بانجھ پن
- پانی کے مستقل خواب (سمندر، سیلاب، تیراکی، متسیانگنا)
- پانی یا ڈوبنے کا غیر معقول خوف
- دعویٰ کیا گیا" محسوس کرنا - جیسے کچھ پیدائش سے دیکھ" رہا ہو۔

ایکشن پلان - رحم کے عہد کو توڑ دیں۔

1. **روح القدس سے پوچھیں** کہ یہ ظاہر کرے کہ کیا آپ (یا آپ کے بچے) کو رحم کی رسومات کے ذریعے شروع کیا گیا تھا۔
2. **ترک کر دیں** - دانستہ یا نادانستہ۔
3. **اپنی پیدائش کی کہانی پر دعا کریں** - یہاں تک کہ اگر آپ کی والدہ دستیاب نہیں ہیں، اپنی زندگی کے قانونی روحانی دربان کے طور پر بات کریں۔
4. **یسعیاہ 49 اور زبور 139 کے ساتھ روزہ رکھیں** – اپنے الٰہی نقشے کو دوبارہ حاصل کرنے کے لیے۔
5. **اگر حاملہ ہو تو** : اپنے پیٹ پر مسح کریں اور اپنے پیدا ہونے :والے بچے پر روزانہ بولیں

آپ کو خُداوند کے لیے الگ کیا گیا ہے۔ پانی، خون، یا تاریکی کی کوئی" روح آپ کا مالک نہیں ہو گی۔ آپ یسوع مسیح کے ہیں - جسم، روح اور روح"۔

گروپ کی درخواست

- شرکاء سے کہیں کہ وہ اپنی پیدائش کی کہانی کے بارے میں کیا جانتے ہیں — بشمول رسومات، دائیاں، یا نام دینے کے واقعات۔
- والدین کی حوصلہ افزائی کریں کہ وہ اپنے بچوں کو نئے سرے سے ایک "مسیح کے مرکز میں رکھنے اور عہد کی خدمت میں وقف کریں۔
- یسعیاہ 28:18 ، کلسیوں 2:14 ، اور مکاشفہ 12:11 کا استعمال کرتے ہوئے پانی کے عہد کو توڑتے ہوئے نماز کی امامت کریں ۔

کلیدی بصیرت

رحم ایک دروازہ ہے — اور جو اس سے گزرتا ہے وہ اکثر روحانی سامان کے ساتھ داخل ہوتا ہے۔ لیکن رحم کی کوئی قربان گاہ صلیب سے بڑی نہیں ہے۔

عکاسی جرنل

- کیا میرے تصور یا پیدائش میں کوئی چیز، تیل، دلکش، یا نام شامل تھے؟
- کیا مجھے روحانی حملوں کا سامنا ہے جو بچپن میں شروع ہوئے تھے؟
- کیا میں نے نادانستہ طور پر اپنے بچوں کو سمندری معاہدات بھیجے ہیں؟

رہائی کی دعا

آسمانی باپ، آپ مجھے میرے بننے سے پہلے ہی جانتے تھے۔ آج میں اپنی پیدائش کے وقت یا اس سے پہلے کیے گئے ہر پوشیدہ عہد، پانی کی رسم، اور شیطانی لگن کو توڑتا ہوں۔ میں سمندری روحوں، مانوس روحوں، یا نسلی رحم کی قربان گاہوں کے ہر دعوے کو مسترد کرتا ہوں۔ یسوع کے خون کو میری پیدائش کی کہانی اور میرے بچوں کی کہانی کو دوبارہ لکھنے دیں۔ میں روح سے پیدا ہوا ہوں - پانی کی قربان گاہوں سے نہیں۔ یسوع کے نام پر۔ آمین۔

دن 39 :پانی نے غلامی میں بپتسمہ دیا - کیسے شیرخوار، ابتدائی اور نادیدہ عہد دروازے کھولتے ہیں

”اُنہوں نے بے گناہوں کا خون بہایا، اپنے بیٹوں اور بیٹیوں کا خون،
جنہیں اُنہوں نے کنعان کے بتوں کے لیے قربان کیا، اور اُن کے خون
سے زمین کی بے حرمتی کی گئی۔“ — زبور 106:38
"کیا جنگجوؤں سے لوٹ لیا جا سکتا ہے، یا قیدیوں کو زبردست سے
چھڑایا جا سکتا ہے؟" لیکن یہ وہی ہے جو خداوند فرماتا ہے: "ہاں،
جنگجوؤں سے قیدی چھین لیے جائیں گے، اور زبردست سے لوٹ مار
چھین لی جائے گی..." —یسعیاہ 25-49:24

بہت سی تقدیریں صرف **جوانی میں ہی پٹڑی سے نہیں اتری تھیں** بلکہ
وہ **بچپن میں ہی ہائی جیک ہو گئی تھیں** ۔
...وہ بظاہر معصوم نام رکھنے کی تقریب
...”دریا کے پانی میں وہ آرام سے ڈبونا ”بچے کو برکت دینے کے لیے
ہاتھ میں سکہ... زبان کے نیچے کٹا ہوا... ایک ”روحانی دادی“ کا
...تیل... یہاں تک کہ پیدائش کے وقت دیے گئے ابتدائی نام
وہ سب ثقافتی لگ سکتے ہیں۔ روایتی۔ بے ضرر۔
لیکن تاریکی کی بادشاہی **روایت میں چھپی ہوئی ہے** ، اور بہت سے
بچوں کو "یسوع" کہنے سے پہلے **خفیہ طور پر شروع کر دیا گیا ہے** ۔

حقیقی کہانی - "میرا نام دریا نے رکھا تھا"
ہیٹی میں مالک نامی لڑکا دریاؤں اور طوفانوں کے عجیب خوف کے ساتھ
پلا بڑھا۔ ایک چھوٹا بچہ ہونے کے ناطے، اسے اس کی دادی نے تحفظ
کے لیے "روحوں سے متعارف کرانے" کے لیے ایک ندی میں لے جایا۔
اس نے 7 سال کی عمر میں آوازیں سننا شروع کر دیں۔ 10 سال کی عمر
میں، اس نے رات کو ملاقات کی۔ 14 سال کی عمر میں، اس نے ہمیشہ
اپنے ساتھ "موجودگی" محسوس کرنے کے بعد خودکشی کی کوشش کی۔
نجات کی ایک میٹنگ میں، بدروحوں نے پرتشدد طور پر ظاہر کیا،
چیختے ہوئے، "ہم دریا میں داخل ہوئے! ہمیں نام سے پکارا گیا!" اس کا
نام، "مالک"، "دریا کی ملکہ کی عزت" کے لیے روحانی نام دینے کی
روایت کا حصہ تھا۔ جب تک اس کا مسیح میں نام تبدیل نہیں کیا گیا،

عذاب جاری رہا۔ اب وہ آبائی وابستگیوں میں پھنسے نوجوانوں کے درمیان نجات میں وزیر ہیں۔

یہ کیسے ہوتا ہے - پوشیدہ جال

1. **عہد نامے کے طور پر**
ابتدائی کچھ نام، خاص طور پر جو آبائی ناموں، خاندانی ،دیوتاؤں، یا آبی دیوتاؤں سے جڑے ہوئے ہیں (مثال کے طور پر ،(نسب "OL" = Oya/Orisha مامی/میرین؛ = "MM"
شیطانی دستخط کے طور پر کام کرتے ہیں۔
2. **دریاؤں/ ندیوں میں نوزائیدہ بچوں کا ڈوبنا**
تحفظ کے لیے" یا "صفائی" کیا جاتا ہے، یہ اکثر **سمندری" روحوں میں بپتسمہ ہوتے ہیں** -
3. **خفیہ نام رکھنے کی تقریبات**
جہاں قربان گاہ یا مزار کے سامنے کوئی دوسرا نام (عوامی نام سے مختلف) سرگوشی یا بولا جاتا ہے۔
4. **برتھ مارک کی رسومات**
کسی بچے کو روح کے لیے "نشان" کرنے کے لیے پیشانی یا اعضاء پر تیل، راکھ یا خون لگانا۔
5. **پانی سے پلایا ہوا نال دفن کرنا**
نال کی ڈوریوں کو ندیوں، ندیوں میں گرایا جاتا ہے، یا پانی کے اشارے کے ساتھ دفن کیا جاتا ہے — بچے کو پانی کی قربان گاہوں سے باندھنا۔

اگر آپ کے والدین نے آپ کو مسیح سے عہد نہیں کیا، تو امکان ہے کہ کسی اور نے آپ کا دعویٰ کیا ہو۔

عالمی خفیہ ومب-بانڈنگ کے طریقے

- ،**افریقہ** - دریائی دیوتاؤں کے نام پر بچوں کے نام رکھنا سمندری قربان گاہوں کے قریب ڈوریوں کو دفن کرنا۔
- **کیریبین/لاطینی امریکہ** - سانٹیریا بپتسمہ کی رسومات، جڑی بوٹیوں اور دریائی اشیاء کے ساتھ یوروبا طرز کی لگن۔
- **ایشیا** - ہندو رسومات جن میں گنگا کا پانی شامل ہے، علم نجوم کے حساب سے ناموں کا تعلق عنصری روحوں سے ہے۔
- **یورپ** - ڈرویڈک یا باطنی نام دینے کی روایات جو جنگل/پانی کے سرپرستوں کو پکارتی ہیں۔

- **شمالی امریکہ** - مقامی رسومات کی لگن، جدید ویکا بیبی برکٹس، نئے زمانے کے نام رکھنے کی تقریبات جو "قدیم رہنما" کو مدعو کرتی ہیں۔

میں کیسے جان سکتا ہوں؟

- "ابتدائی بچپن کا غیر واضح عذاب، بیماریاں، یا "خیالی دوست
- دریاؤں کے خواب، متسیانگنا، پانی کا پیچھا کیا جا رہا ہے۔
- گرجا گھروں سے نفرت لیکن صوفیانہ چیزوں سے دلچسپی
- پیروی کیے جانے" یا پیدائش سے دیکھے جانے کا گہرا" احساس
- آپ کے بچپن سے منسلک دوسرا نام یا نامعلوم تقریب دریافت کرنا

ایکشن پلان - بچپن سے نجات حاصل کریں۔

1. **روح القدس سے پوچھیں** : جب میں پیدا ہوا تو کیا ہوا؟ کن روحانی ہاتھوں نے مجھے چھوا؟
2. **تمام پوشیدہ وقفوں کو ترک کر دیں** ، یہاں تک کہ اگر لاعلمی میں کیا گیا ہو: "میں اپنی طرف سے کیے گئے کسی بھی عہد کو "مسترد کرتا ہوں جو خداوند یسوع مسیح کے لیے نہیں تھا۔
3. **آبائی ناموں، ابتدائی ناموں اور ٹوکنز سے تعلق توڑ دیں** -
4. ،مسیح میں شناخت کا اعلان کرنے کے لیے **یسعیاہ 49:24-26 کلسیوں 2:14، اور 2 کرنتھیوں 5:17 کا استعمال کریں** -
5. - اگر ضرورت ہو تو، **دوبارہ وقف کرنے کی تقریب منعقد کریں** اپنے آپ کو (یا اپنے بچوں کو) نئے سرے سے خدا کے سامنے پیش کریں، اور اگر قیادت کی جائے تو نئے ناموں کا اعلان کریں۔

گروپ کی درخواست

- شرکاء کو ان کے ناموں کی کہانی پر تحقیق کرنے کی دعوت دیں۔
- اگر رہنمائی ہو تو روحانی دوبارہ نام دینے کے لیے ایک جگہ یا روح کی زیر "David," "Esther" بنائیں — لوگوں کو قیادت شناخت جیسے ناموں کا دعوی کرنے کی اجازت دیں۔

- دوبارہ بپتسمہ میں گروپ کی رہنمائی کریں — پانی میں ڈوبنے سے نہیں، بلکہ مسیح کے ساتھ مسح اور لفظ پر مبنی عہد۔
- والدین کو دعا میں اپنے بچوں سے عہد توڑنے کو کہیں: "آپ کا تعلق یسوع سے ہے - کسی روح، دریا، یا آبائی تعلق کی کوئی قانونی بنیاد نہیں ہے۔"

کلیدی بصیرت
آپ کی شروعات اہم ہے۔ لیکن یہ آپ کے انجام کی وضاحت کرنے کی ضرورت نہیں ہے۔ ہر دریا کے دعوے کو یسوع کے خون کے دریا سے توڑا جا سکتا ہے۔

عکاسی جرنل
- مجھے کون سے نام یا ابتدائی نام دیئے گئے تھے، اور ان کا کیا مطلب ہے؟
- کیا میری پیدائش کے وقت خفیہ یا ثقافتی رسومات انجام دی گئی تھیں جنہیں مجھے ترک کرنے کی ضرورت ہے؟
- کیا میں نے واقعی اپنی زندگی — اپنا جسم، روح، نام اور شناخت — خداوند یسوع مسیح کے لیے وقف کر دی ہے؟

فدیہ کی دعا
باپ خدا، میں آپ کے سامنے یسوع کے نام پر آتا ہوں۔ میں اپنی پیدائش کے وقت کیے گئے ہر عہد، لگن اور رسم کو ترک کرتا ہوں۔ میں ہر نام رکھنے، پانی کی ابتدا، اور آبائی دعوے کو مسترد کرتا ہوں۔ چاہے ابتدائیہ، نام، یا پوشیدہ قربان گاہوں کے ذریعے — میں اپنی زندگی کے ہر شیطانی حق کو منسوخ کرتا ہوں۔ اب میں اعلان کرتا ہوں کہ میں مکمل طور پر آپ کا ہوں۔ میرا نام زندگی کی کتاب میں لکھا ہے۔ میرا ماضی یسوع کے خون سے ڈھکا ہوا ہے، اور میری شناخت روح القدس سے مہر لگی ہوئی ہے۔ آمین۔

دن 40: ڈیلیور سے ڈیلیورر تک - آپ کا درد آپ کی مرضی ہے

"لیکن جو لوگ اپنے خدا کو جانتے ہیں وہ مضبوط ہوں گے، اور استحصال کریں گے۔" — دانی ایل 11:32
"پھر خُداوند نے قاضیوں کو برپا کیا، جنہوں نے اُنہیں اِن حملہ آوروں کے ہاتھوں سے بچایا۔" —قضاۃ 2:16

آپ کو گرجہ گھر میں خاموشی سے بیٹھنے کے لیے نہیں دیا گیا تھا۔ آپ کو صرف زندہ رہنے کے لیے آزاد نہیں کیا گیا تھا۔ آپ **دوسروں کو بچانے کے لیے آزاد کیے گئے تھے**۔

وہی یسوع جس نے مرقس 5 میں شیطانی شخص کو شفا بخشی تھی اسے کہانی سنانے کے لیے ڈیکاپولس واپس بھیج دیا تھا۔ کوئی مدرسہ نہیں۔ کوئی ترتیب نہیں۔ بس ایک **جلتی گواہی** اور منہ میں آگ لگا دی گئی۔ **تم وہ آدمی ہو۔ وہ عورت۔ وہ خاندان۔ وہ قوم۔**

آپ نے جو درد برداشت کیا ہے وہ اب آپ کا ہتھیار ہے۔ آپ جس عذاب سے بچ گئے وہ آپ کا بگل ہے۔ جس نے آپ کو اندھیرے میں رکھا وہ اب آپ کے **اقتدار کا مرحلہ بن گیا ہے**۔

حقیقی کہانی - میرین برائیڈ سے ڈیلیورینس منسٹر تک

کیمرون سے تعلق رکھنے والی ریبیکا سمندری روح کی سابقہ دلہن تھی۔ اسے 8 سال کی عمر میں ساحلی نام کی تقریب کے دوران شروع کیا گیا تھا، 16 سال کی عمر میں، وہ خوابوں میں جنسی تعلقات قائم کر رہی تھی اپنی آنکھوں سے مردوں کو کنٹرول کر رہی تھی، اور جادو ٹونے کے ذریعے متعدد طلاقوں کا سبب بنی تھی۔ وہ "خوبصورت لعنت" کے نام سے مشہور تھیں۔

جب اسے یونیورسٹی میں انجیل کا سامنا ہوا تو اس کے شیاطین جنگلی ہو گئے۔ اسے آزاد ہونے سے پہلے چھ ماہ کے روزے، نجات، اور گہری شاگردی کا وقت لگا۔

آج، وہ افریقہ بھر میں خواتین کے لیے نجات کی کانفرنسیں منعقد کرتی ہے۔ اس کی فرمانبرداری سے ہزاروں آزاد ہوئے ہیں۔
اگر وہ خاموش رہتی تو کیا ہوتا؟

عالمی نجات دہندہ پیدا ہو رہے ہیں۔ - Apostolic Rise

- **افریقہ میں** ، سابق جادوگر اب گرجا گھر لگاتے ہیں۔
- **ایشیا میں** ، سابق بدھسٹ خفیہ گھروں میں مسیح کی تبلیغ کرتے ہیں۔
- **لاطینی امریکہ میں** ، سانٹیریا کے سابق پادری اب قربان گاہوں کو توڑتے ہیں۔
- **یورپ میں** ، سابق جادوگر آن لائن ایکسپوزیٹری بائبل اسٹڈیز کی رہنمائی کرتے ہیں۔
- **شمالی امریکہ میں** ، نئے دور کے دھوکہ دہی سے بچ جانے والے ہفتہ وار زوم کے ذریعے نجات حاصل کر رہے ہیں۔

وہ **ناممکنات ہیں** ، ٹوٹے ہوئے ہیں، تاریکی کے سابق غلام ہیں جو اب روشنی میں چل رہے ہیں - اور **آپ ان میں سے ایک ہیں** ۔

حتمی ایکشن پلان - اپنی کال میں قدم رکھیں

1. **اپنی گواہی لکھیں** - یہاں تک کہ اگر آپ کو لگتا ہے کہ یہ ڈرامائی نہیں ہے۔ کسی کو آپ کی آزادی کی کہانی کی ضرورت ہے۔
2. **چھوٹی شروعات کریں** — دوست کے لیے دعا کریں۔ بائبل کے مطالعے کی میزبانی کریں۔ اپنے نجات کے عمل کا اشتراک کریں۔
3. **،سیکھنا کبھی بند نہ کریں** — ڈیلیوررز کلام میں رہتے ہیں توبہ کرتے رہتے ہیں، اور تیز رہتے ہیں۔
4. **اپنے خاندان کو ڈھانپیں** — روزانہ اعلان کریں کہ اندھیرا آپ اور آپ کے بچوں کے ساتھ رک گیا ہے۔
5. **روحانی جنگ کے علاقوں کا اعلان کریں** — آپ کے کام کی جگہ، آپ کا گھر، آپ کی گلی۔ دربان بنیں۔

گروپ کمیشننگ

آج صرف ایک عقیدت نہیں ہے - یہ ایک **کمیشن کی تقریب ہے** ۔

- :ایک دوسرے کے سروں پر تیل ڈالیں اور کہیں

"تمہیں پہنچانے کے لیے پہنچایا گیا ہے، خدا کے جج اٹھو۔"

- :ایک گروپ کے طور پر بلند آواز میں اعلان کریں

ہم اب زندہ نہیں رہے، ہم جنگجو ہیں، ہم روشنی کو اٹھاتے ہیں، اور "
"اندھیرا کانپتا ہے۔

- دلیری اور اثر میں اضافہ جاری رکھنے کے لیے نماز کے جوڑے یا احتسابی شراکت داروں کا تقرر کریں۔

کلیدی بصیرت
تاریکی کی بادشاہی کے خلاف سب سے بڑا انتقام صرف آزادی نہیں ہے۔ یہ ضرب ہے۔

فائنل ریفلیکشن جرنل
- وہ کون سا لمحہ تھا جب میں جانتا تھا کہ میں اندھیرے سے روشنی میں آ گیا ہوں؟
- کس کو میری کہانی سننے کی ضرورت ہے؟
- میں اس ہفتے جان بوجھ کر روشنی کہاں سے چمکانا شروع کر سکتا ہوں؟
- دوسروں کو آزاد کرنے کی خاطر کیا میرا مذاق اڑایا جائے، غلط سمجھا جائے اور مزاحمت کی جائے؟

کمیشن کی دعا
باپ خدا، میں آگ، آزادی اور سچائی کے 40 دنوں کے لیے آپ کا شکریہ ادا کرتا ہوں۔ تم نے مجھے صرف پناہ دینے کے لیے نہیں بچایا — تم نے مجھے دوسروں کو بچانے کے لیے بچایا۔ آج، مجھے یہ چادر موصول ہوئی ہے۔ میری گواہی تلوار ہے۔ میرے زخم ہتھیار ہیں۔ میری دعائیں ہتھوڑے ہیں۔ میری اطاعت عبادت ہے۔ میں اب یسوع کے نام پر چلتا ہوں ۔ ایک فائر اسٹارٹر، ایک نجات دہندہ، ایک روشنی بردار کے طور پر۔ میں تمہارا ہوں اندھیرے کی مجھ میں کوئی جگہ نہیں ہے، اور میرے ارد گرد کوئی جگہ نہیں ہے۔ میں اپنی جگہ لیتا ہوں۔ یسوع کے نام پر۔ آمین۔

ڈیلیورینس اور ڈومینین کا 360° ڈیلی ڈیکلریشن – حصہ 1

"تمہارے خلاف بنائے گئے کوئی ہتھیار کامیاب نہیں ہوں گے، اور ہر وہ زبان جو تمہارے خلاف عدالت میں اٹھے گی تم اس کو مجرم ٹھہراؤ گے۔ یہ خداوند کے بندوں کی میراث ہے..." —یسعیاہ 54:17
آج اور ہر روز، میں مسیح میں اپنی پوری پوزیشن لیتا ہوں — روح، روح، اور جسم۔

میں ہر دروازے کو بند کرتا ہوں — معلوم اور نامعلوم — تاریکی کی بادشاہی کے لیے۔

میں تمام رابطے، معاہدہ، عہد، یا شیطانی قربان گاہوں، آبائی روحوں روحانی شریک حیات، مخفی معاشروں، جادو ٹونے، اور شیطانی اتحادوں کے ساتھ تعلق کو توڑتا ہوں — یسوع کے خون سے

میں اعلان کرتا ہوں کہ میں فروخت کے لیے نہیں ہوں۔ میں قابل رسائی نہیں ہوں۔ میں بھرتی کے قابل نہیں ہوں۔ میں دوبارہ شروع نہیں کر رہا ہوں۔

ہر شیطانی یاد، روحانی نگرانی، یا برائی کی دعوت — یسوع کے نام پر آگ سے بکھر جائیں

میں اپنے آپ کو مسیح کے ذہن، باپ کی مرضی اور روح القدس کی آواز سے باندھتا ہوں۔
میں روشنی میں، سچائی میں، طاقت میں، پاکیزگی اور مقصد میں چلتا ہوں۔

میں خوابوں، صدمے، جنسی تعلقات، رسومات، میڈیا یا جھوٹی تعلیمات کے ذریعے کھلنے والی ہر تیسری آنکھ، نفسیاتی دروازے، اور ناپاک پورٹل کو بند کرتا ہوں۔

خدا کی آگ عیسیٰ کے نام پر میری روح میں موجود ہر غیر قانونی ذخیرے کو بھسم کردے۔

میں ہوا، زمین، سمندر، ستاروں اور آسمانوں سے بات کرتا ہوں ۔ تم میرے خلاف کام نہیں کرو گے۔
ہر چھپی ہوئی قربان گاہ، ایجنٹ، نگہبان، یا سرگوشی کرنے والا شیطان جو میری زندگی، خاندان، کالنگ، یا علاقے کے خلاف تفویض کیا گیا ہے یسوع کے خون سے غیر مسلح اور خاموش ہو جائیں ––
میں اپنے دماغ کو خدا کے کلام میں بھگوتا ہوں۔
میں اعلان کرتا ہوں کہ میرے خواب مقدس ہیں، میرے خیالات کو ڈھال دیا گیا ہے، میری نیند مقدس ہے، میرا جسم آگ کا مندر ہے۔
اس لمحے سے آگے، میں 360 ڈگری نجات میں چلتا ہوں –– کچھ بھی نہیں چھپا ہوا، کچھ بھی نہیں چھوڑا۔
ہر طویل بندھن ٹوٹ جاتا ہے، ہر نسل کا جوا ٹوٹ جاتا ہے، ہر نافرمان گناہ بے نقاب اور پاک ہوتا ہے۔

میں اعلان کرتا ہوں:
- اندھیرے کا مجھ پر کوئی راج نہیں ہے۔
- میرا گھر فائر زون ہے۔
- میرے دروازے جلال میں بند ہیں۔
- میں فرمانبرداری میں رہتا ہوں اور اقتدار میں چلتا ہوں۔

میں اپنی نسل کو نجات دہندہ کے طور پر پیدا کرتا ہوں۔
میں پیچھے مڑ کر نہیں دیکھوں گا۔ میں واپس نہیں جاؤں گا۔میں نور ہوں۔ میں آگ ہوں۔ میں آزاد ہوں۔ یسوع کے عظیم نام میں۔ آمین

ڈیلیورینس اور ڈومینین کا 360° ڈیلی ڈیکلریشن - حصہ 2

جادو ٹونے، جادو ٹونے، بدمعاشوں، میڈیموں اور شیطانی ذرائع سے **تحفظ**
اپنے اور دوسروں کے لیے ان کے زیر اثر یا غلامی سے **نجات**
یسوع کے خون کے ذریعے **صفائی اور ڈھانپنا**
مسیح میں **صحت، شناخت اور آزادی کی بحالی**
جادو ٹونے، میڈیم، نکرومنسرز، اور روحانی غلامی سے تحفظ اور آزادی
(یسوع کے خون اور ہماری گواہی کے کلام کے ذریعے)

"اور اُنہوں نے اُس پر برّہ کے خون سے، اور اُن کی گواہی کے لفظ سے اُس پر غالب آئے..."
- مکاشفہ 12:11

"خداوند جھوٹے نبیوں کی نشانیوں کو ناکام بناتا ہے اور جہالت کرنے والوں کو بے وقوف بناتا ہے... اپنے بندے کے کلام کی تصدیق کرتا ہے اور اپنے رسولوں کے مشورے کو پورا کرتا ہے۔"
—یسعیاہ 44:25-26

"خُداوند کی روح مجھ پر ہے... قیدیوں کو آزادی کا اعلان کرنے اور پابند سلاسلوں کو رہا کرنے کے لیے..."
- لوقا 4:18

افتتاحی دعا:
باپ خدا، میں آج دلیری سے یسوع کے خون سے آیا ہوں۔ میں تیرے نام کی طاقت کو تسلیم کرتا ہوں اور اعلان کرتا ہوں کہ تو ہی میرا نجات دہندہ اور محافظ ہے۔ میں تیرے بندے اور گواہ کے طور پر کھڑا ہوں اور آج میں تیرے کلام کو بڑی دلیری اور اختیار کے ساتھ بیان کرتا ہوں۔

تحفظ اور نجات کے اعلانات

1. جادو ٹونے، میڈیم، نکرومنسرز، اور روحانی اثرات سے نجات:

- میں ہر لعنت، ہجے، جادو، جادو، ہیرا پھیری، نگرانی، astral پروجیکشن، یا روح کے بندھن کو **توڑتا اور ترک کرتا ہوں** —

جو کہی گئی یا نافذ کی گئی — جادو ٹونے، عصبیت، میڈیم، یا روحانی چینلز کے ذریعے۔

- میں **اعلان کرتا ہوں** کہ **یسوع کا خون** ہر اس ناپاک روح کے خلاف ہے جو مجھے یا میرے خاندان کو باندھنا، مشغول کرنا، دھوکہ دینا، یا جوڑ توڑ کرنا چاہتا ہے۔
- میں **تمام روحانی مداخلت، قبضے، جبر، یا روح کی غلامی کو** اب یسوع مسیح کے نام پر اختیار کے ذریعے توڑنے کا حکم دیتا ہوں۔
- **میں اپنے لیے اور ہر شخص کے لیے جان بوجھ کر یا نادانستہ طور پر جادو ٹونے یا جھوٹی روشنی کے زیر اثر رہائی کی بات کرتا ہوں** ۔ اب باہر آؤ! آزاد رہو، یسوع کے نام پر!
- میں خُدا کی آگ سے کہتا ہوں کہ وہ **ہر روحانی جوئے، شیطانی معاہدے، اور** ہماری تقدیر کو غلام بنانے یا پھنسانے کے لیے روح میں کھڑی کی گئی قربان گاہ کو جلا دے۔

"یعقوب کے خلاف کوئی جادو نہیں، اسرائیل کے خلاف کوئی جادو نہیں ہے۔" —گنتی 23:23

2. خود، بچوں اور خاندان کی صفائی اور حفاظت:

- **دماغ، روح، روح، جسم، جذبات، خاندان، بچوں اور کام پر** یسوع کے خون کی درخواست کرتا ہوں ۔
- میں اعلان کرتا ہوں: میں اور میرا گھر **روح القدس سے مہر لگا کر خدا میں مسیح کے ساتھ چھپے ہوئے ہیں۔**
- ہمارے خلاف بننے والا کوئی ہتھیار کامیاب نہیں ہو گا۔ ہمارے خلاف برائی بولنے والی ہر زبان کا **فیصلہ کیا جاتا ہے اور** یسوع کے نام پر خاموش کر دیا جاتا ہے۔
- **خوف، عذاب، الجھن، بہکاوے، یا کنٹرول کی** ہر روح کو ترک کرتا ہوں اور نکال دیتا ہوں ۔

"میں رب ہوں، جو جھوٹوں کی نشانیوں کو ناکام بناتا ہوں..." — یسعیاہ 44:25

3. شناخت، مقصد، اور درست ذہن کی بحالی:

- میں اپنی روح اور شناخت کے ہر اس حصے کا دوبارہ دعویٰ کرتا ہوں جو دھوکہ دہی یا روحانی سمجھوتہ کے ذریعے **تجارت، پھنسا، یا چوری کیا گیا تھا۔**

- میں اعلان کرتا ہوں: میرے پاس **مسیح کا دماغ ہے** ، اور میں وضاحت، حکمت اور اختیار میں چلتا ہوں۔
- میں اعلان کرتا ہوں: میں **ہر نسل کی لعنت اور گھریلو جادو ٹونے سے نجات پاتا ہوں** ، اور میں رب کے ساتھ عہد پر چلتا ہوں۔

"خدا نے مجھے خوف کی روح نہیں دی ہے، بلکہ طاقت، محبت، اور صحیح دماغ دیا ہے۔" —2 تیمتھیس 1:7

:روزانہ احاطہ اور مسیح میں فتح 4.

- میں اعلان کرتا ہوں: آج، میں الٰہی **تحفظ، سمجھداری اور امن میں چلتا ہوں** ۔
- ،یسوع کا خون میرے لیے **بہتر چیزیں بولتا ہے** — تحفظ، شفا اختیار، اور آزادی۔
- اس دن کے لیے مقرر کردہ ہر برے کام کو الٹ دیا جاتا ہے۔ میں مسیح یسوع میں فتح اور فتح میں چلتا ہوں۔

"ایک ہزار میری طرف اور دس ہزار میرے داہنے ہاتھ پر گر سکتے ہیں، لیکن وہ میرے قریب نہیں آئے گا..." - زبور 91:7

:حتمی اعلان اور گواہی

"میں ہر طرح کی تاریکی، جادو ٹونے، جادوگری، جادوگری، نفسیاتی ہیرا پھیری، روح سے چھیڑ چھاڑ، اور بری روحانی منتقلی پر قابو پاتا ہوں - اپنی طاقت سے نہیں بلکہ **یسوع کے خون اور میری گواہی کے کلام سے** ۔"

"میں اعلان کرتا ہوں: **میں نجات پا گیا ہوں، میرے گھرانے کو نجات مل گئی ہے**، ہر چھپا ہوا جوا ٹوٹ گیا ہے، ہر جال بے نقاب ہو گیا ہے، ہر جھوٹی روشنی بجھ گئی ہے۔ میں آزادی میں چلتا ہوں، میں سچائی پر چلتا ہوں، میں روح القدس کی طاقت میں چلتا ہوں۔"

"رب اپنے بندے کی بات کی تصدیق کرتا ہے اور اپنے رسول کی نصیحت پر عمل کرتا ہے، ایسا ہی آج اور ہر دن ہو گا۔"

یسوع کے عظیم نام میں، **آمین۔**

:صحیفے کے حوالہ جات

- یسعیاہ 44:24-26
- مکاشفہ 12:11
- یسعیاہ 54:17

- زبور 91
- نمبر 23:23
- لوقا 4:18
- افسیوں 18-6:10
- کلسیوں 3:3
- تیمتھیس 2 1:7

ڈیلیورینس اور ڈومینین کا 360° روزانہ اعلان - حصہ 3

رب ایک جنگجو آدمی ہے: خداوند اس کا نام ہے۔" - خروج 15:3"
اُنہوں نے برّہ کے خون اور اپنی گواہی کے لفظ سے اُس پر غالب"
آئے..." - مکاشفہ 12:11
آج، میں اٹھتا ہوں اور مسیح میں اپنی جگہ لیتا ہوں — آسمانی جگہوں پر بیٹھا ہوں، تمام سلطنتوں، طاقتوں، تختوں، تسلط، اور ہر نام سے بالاتر ہوں۔

میں ترک کرتا ہوں۔

:میں ہر معلوم اور نامعلوم عہد، حلف، یا آغاز کو ترک کرتا ہوں

- فری میسنری (1 سے 33 ڈگری تک)
- قبالہ اور یہودی تصوف
- ایسٹرن سٹار اور روزیکروشینز
- Illuminati کے احکامات اور Jesuit
- شیطانی بھائی چارے اور لوسیفیرین فرقے۔
- سمندری روحیں اور سمندر کے اندر کے معاہدے
- کنڈالینی سانپ، چکرا سیدھ، اور تیسری آنکھ کی سرگرمیاں
- نئے دور کا دھوکہ، ریکی، کرسچن یوگا، اور نجومی سفر
- جادو ٹونا، جادو ٹونا، عصبیت، اور نجومی معاہدے
- جنس، رسومات اور خفیہ معاہدوں سے خفیہ روح کے تعلقات
- میرے خون کی لکیر اور آبائی پجاریوں پر میسونک قسمیں

:میں ہر روحانی نال کو کاٹتا ہوں

- قدیم خون کی قربان گاہیں۔
- جھوٹی نبوت کی آگ
- روح کی شریک حیات اور خواب حملہ آور
- مقدس جیومیٹری، لائٹ کوڈز، اور آفاقی قانون کے اصول
- جھوٹے مسیح، مانوس روحیں، اور جعلی مقدس روحیں۔

یسوع کے خون کو میری طرف سے بولنے دو۔ ہر معاہدہ پھٹا جائے۔ ہر — قربان گاہ کو ٹکڑے ٹکڑے ہونے دو۔ ہر شیطانی شناخت کو مٹانے دو !اب

میں اعلان کرتا ہوں۔

:میں اعلان کرتا ہوں

- میرا جسم روح القدس کا زندہ مندر ہے۔
- میرا دماغ نجات کے ہیلمٹ سے محفوظ ہے۔
- میری روح روزانہ کلام کے دھونے سے پاک ہوتی ہے۔
- میرا خون کلوری نے صاف کیا ہے۔
- میرے خواب روشنی میں بند ہیں۔
- میرا نام میمنے کی زندگی کی کتاب میں لکھا گیا ہے — کسی خفیہ رجسٹری، لاج، لاگ بک، اسکرول، یا مہر میں نہیں!

میں حکم دیتا ہوں۔

:میں حکم دیتا ہوں

- — اندھیرے کا ہر ایجنٹ — نگہبان، مانیٹر، ایسٹرل پروجیکٹر کو اندھا اور بکھرا دیا جائے۔
- - ہوائی جہاز کا ہر ٹیچر astral انڈرورلڈ، سمندری دنیا، اور ٹوٹ جائے!
- ہر سیاہ نشان، امپلانٹ، رسمی زخم، یا روحانی برانڈنگ — کو آگ سے صاف کیا جائے!
- ہر مانوس روح سرگوشی کرتی ہے - اب خاموش ہو جاؤ!

میں الگ کرتا ہوں۔

:میں اس سے الگ ہوں

- تمام شیطانی ٹائم لائنز، روح کی جیلیں، اور روح کے پنجرے
- تمام خفیہ سوسائٹی کی درجہ بندی اور ڈگریاں
- تمام جھوٹے پردے، تخت یا تاج جو میں نے پہنے ہیں۔
- ہر شناخت خدا کی طرف سے تصنیف نہیں
- ہر اتحاد، دوستی، یا رشتہ جو تاریک نظاموں سے بااختیار ہے۔

میں قائم کرتا ہوں۔

:میں قائم کرتا ہوں

- میرے اور میرے گھر والوں کے ارد گرد جلال کا فائر وال
- ہر دروازے، پورٹل، کھڑکی اور راستے پر مقدس فرشتے
- میرے میڈیا، موسیقی، یادیں اور دماغ میں پاکیزگی
- میری دوستی، وزارت، شادی، اور مشن میں سچائی
- روح القدس کے ساتھ اٹوٹ رابطہ

میں جمع کرواتا ہوں۔

— میں اپنے آپ کو مکمل طور پر یسوع مسیح کے حوالے کرتا ہوں
وہ برہ جو مارا گیا، بادشاہ جو حکومت کرتا ہے، وہ شیر جو گرجتا ہے۔
میں روشنی کا انتخاب کرتا ہوں۔ میں سچ کا انتخاب کرتا ہوں۔ میں فرمانبرداری کا انتخاب کرتا ہوں۔

میرا تعلق اس دنیا کی تاریک سلطنتوں سے نہیں ہے۔
میرا تعلق ہمارے خدا اور اس کے مسیح کی بادشاہی سے ہے۔

میں دشمن کو خبردار کرتا ہوں۔
اس اعلان کے ذریعہ میں نوٹس جاری کرتا ہوں:
- ہر اعلیٰ عہدہ دار پرنسپلٹی
- شہروں، خون کی لکیروں اور قوموں پر حکمرانی کرنے والی ہر روح
- ہر آسمانی مسافر، چڑیل، جنگجو، یا گرا ہوا ستارہ...

میں اچھوت جائیداد ہوں۔
میرا نام آپ کے آرکائیوز میں نہیں ملا۔ میری جان برائے فروخت نہیں ہے۔ میرے خواب حکم کے تحت ہیں۔ میرا جسم تمہارا مندر نہیں ہے۔ میرا مستقبل آپ کے کھیل کا میدان نہیں ہے۔ میں غلامی میں واپس نہیں آؤں گا۔ میں آبائی دوروں کو نہیں دہراؤں گا۔ میں عجیب آگ نہیں اٹھاؤں گا۔ میں سانپوں کی آرام گاہ نہیں بنوں گا۔

میں سیل کرتا ہوں۔
میں اس اعلان پر مہر لگاتا ہوں:
- یسوع کا خون
- روح القدس کی آگ
- کلام کا اختیار
- مسیح کے جسم کا اتحاد
- میری گواہی کی آواز

یسوع کے نام میں، آمین اور آمین

نتیجہ: زندہ رہنے سے لے کر اولاد تک آزاد رہنا، آزاد رہنا، دوسروں کو آزاد کرنا

"اس لیے اس آزادی میں مضبوطی سے کھڑے رہو جس کے ساتھ مسیح نے ہمیں آزاد کیا ہے، اور دوبارہ غلامی کے جوئے میں نہ الجھو۔" ۔ گلتیوں 5:1

"وہ اُنہیں تاریکی اور موت کے سائے سے نکال لایا، اور اُن کی زنجیریں ٹکڑے ٹکڑے کر دیں۔" —زبور 107:14

یہ 40 دن صرف علم کے بارے میں نہیں تھے۔ وہ **جنگ** ، بیداری اور **تسلط میں چلنے کے بارے میں تھے**۔

آپ نے دیکھا ہے کہ تاریک بادشاہی کس طرح چلتی ہے — لطیف طور پر، نسل در نسل، کبھی کبھی کھلے عام۔ آپ نے آبائی دروازوں، خوابوں کے دائروں، علمی معاہدوں، عالمی رسومات اور روحانی اذیتوں سے گزرا ہے۔ آپ کو ناقابل تصور درد کی شہادتوں کا سامنا کرنا پڑا ہے بلکہ **بنیاد پرست نجات بھی** ۔ آپ نے قربان گاہوں کو توڑا ہے، جھوٹ کو ترک کیا ہے، اور ایسی چیزوں کا سامنا کیا ہے جن کا نام لینے سے بہت سے منبر ڈرتے ہیں۔
لیکن یہ اختتام نہیں ہے۔

اب اصل سفر شروع ہوتا ہے: **اپنی آزادی کو برقرار رکھنا۔ روح میں رہنا۔ دوسروں کو باہر نکلنے کا راستہ سکھانا۔**
دن کی آگ سے گزرنا اور مصر واپس جانا آسان ہے۔ تنہائی، ہوس، یا 40 روحانی تھکاوٹ میں صرف قربان گاہوں کو ڈھانا آسان ہے۔
مت کرو.

سائیکلوں کے **غلام** نہیں رہے ۔ تم دیوار پر **چوکیدار** ہو ۔ آپ کے خاندان کے لیے ایک دربان ۔ اپنے شہر کے لیے ایک **جنگجو** ۔ قوموں کے لیے آواز ۔

ڈومینین میں چلنے والوں کے لیے 7 حتمی چارجز
1. **اپنے دروازوں کی حفاظت کریں**
سمجھوتہ، بغاوت، تعلقات، یا تجسس کے ذریعے روحانی دروازے دوبارہ نہ کھولیں۔
"شیطان کو جگہ نہ دو۔" —افسیوں 4:27"

2. **اپنی بھوک کو منظم کریں**
روزہ آپ کی ماہانہ تال کا حصہ ہونا چاہیے۔ یہ روح کو دوبارہ ترتیب دیتا ہے اور آپ کے جسم کو تابع رکھتا ہے۔

3. **پاکیزگی کا عہد کریں**
جذباتی، جنسی، زبانی، بصری۔ ناپاکی وہ نمبر ایک گیٹ ہے جسے شیاطین رینگنے کے لیے استعمال کرتے ہیں۔

4. **کلام**
پاک میں مہارت حاصل کرنا اختیاری نہیں ہے۔ یہ آپ کی تلوار، ڈھال اور روزانہ کی روٹی ہے۔ "مسیح کا کلام آپ میں بھرپور طریقے سے بسے..." (کرنسی 3:16)

5. **اپنے قبیلے کو تلاش کریں**
نجات کا مطلب کبھی بھی اکیلے چلنا نہیں تھا۔ روح سے بھری کمیونٹی میں تعمیر کریں، خدمت کریں اور شفا دیں۔

6. **مصائب کو گلے لگائیں**
جی ہاں - تکلیف۔ تمام عذاب شیطانی نہیں ہوتے۔ کچھ تقدیس کر رہا ہے۔ اس کے ذریعے چلنا۔ جلال آگے ہے۔
"تھوڑی دیر تک تکلیف اٹھانے کے بعد... وہ تمہیں مضبوط، آباد اور قائم کرے گا۔" —1 پطرس 5:10

7. **دوسروں کو مفت میں سکھائیں**
جو آپ کو موصول ہوا ہے - اب آزادانہ طور پر دیں۔ دوسروں کو آزاد ہونے میں مدد کریں۔ اپنے گھر، اپنے حلقے، اپنے چرچ سے شروع کریں۔

سے شاگرد تک پہنچایا گیا۔

یہ عقیدت ایک عالمی پکار ہے — نہ صرف شفا کے لیے بلکہ ایک فوج کے اٹھنے کے لیے۔

یہ **چرواہوں کے لیے** وقت ہے جو جنگ کی خوشبو لے سکتے ہیں۔

یہ **ان انبیاء کا** وقت ہے جو سانپوں پر نہیں جھکتے۔

یہ **ماؤں اور باپوں کے لیے** وقت ہے جو نسلوں کے معاہدوں کو توڑتے ہیں اور سچائی کی قربان گاہیں بناتے ہیں۔

یہ **وقت ہے کہ قوموں کو** خبردار کیا جائے، اور کلیسیا کے لیے مزید خاموش نہیں رہنا چاہیے۔

آپ ہی فرق ہیں۔

آپ یہاں سے کہاں جاتے ہیں اہم ہے۔ جو آپ لے جاتے ہیں وہ اہمیت رکھتا ہے۔ جس تاریکی سے آپ کو نکالا گیا تھا وہ وہی علاقہ ہے جس پر اب آپ کا اختیار ہے۔
نجات آپ کا پیدائشی حق تھا۔ ڈومینین آپ کی چادر ہے۔
اب اس میں چلو۔

آخری دعا

خداوند یسوع، ان 40 دنوں میں میرے ساتھ چلنے کے لیے آپ کا شکریہ۔ اندھیرے کو بے نقاب کرنے، زنجیریں توڑنے اور مجھے بلند مقام پر بلانے کا شکریہ۔ میں واپس جانے سے انکاری ہوں۔ میں ہر معاہدے کو خوف، شک اور ناکامی کے ساتھ توڑتا ہوں۔ میں اپنی بادشاہی کی ذمہ داری دلیری سے حاصل کرتا ہوں۔ دوسروں کو آزاد کرنے کے لیے مجھے استعمال کریں۔ مجھے روزانہ روح القدس سے ،بھریں۔ میری زندگی کو روشنی کا ہتھیار بننے دو — میرے خاندان میں میری قوم میں، مسیح کے جسم میں۔ میں خاموش نہیں رہوں گا۔ میں شکست نہیں کھاؤں گا۔ میں ہار نہیں مانوں گا۔ میں اندھیرے سے بادشاہی کی طرف چلتا ہوں۔ ہمیشہ کے لیے۔ یسوع کے نام پر۔ آمین۔

دوبارہ پیدا ہونے اور مسیح کے ساتھ نئی زندگی شروع کرنے کا طریقہ

ہو سکتا ہے کہ آپ پہلے بھی یسوع کے ساتھ چل چکے ہوں، یا ہو سکتا ہے کہ آپ ان 40 دنوں میں اس سے ملے ہوں۔ لیکن ابھی، آپ کے اندر کچھ ہلچل مچا رہا ہے۔

آپ مذہب سے زیادہ کے لیے تیار ہیں۔ آپ
رشتے کے لیے تیار ہیں ۔
"آپ یہ کہنے کے لیے تیار ہیں، "یسوع، مجھے آپ کی ضرورت ہے۔

یہاں حقیقت ہے:

"کیونکہ سب نے گناہ کیا ہے؛ ہم سب خُدا کے شاندار معیار سے کم ہیں ...پھر بھی خُدا، اپنے فضل سے، آزادانہ طور پر ہمیں اپنی نظر میں درست بناتا ہے۔"
— رومیوں 3:23-24 (NLT)

آپ نجات حاصل نہیں کر سکتے۔
آپ خود کو ٹھیک نہیں کر سکتے۔ لیکن یسوع نے پہلے ہی پوری قیمت ادا کر دی ہے — اور وہ آپ کو گھر میں خوش آمدید کہنے کا انتظار کر رہا ہے۔

دوبارہ پیدا ہونے کا طریقہ

نئے سرے سے پیدا ہونے کا مطلب ہے اپنی زندگی کو یسوع کے حوالے کرنا — اس کی معافی کو قبول کرنا، یہ ماننا کہ وہ مر گیا اور دوبارہ جی اٹھا، اور اسے اپنے رب اور نجات دہندہ کے طور پر قبول کرنا۔

یہ آسان ہے۔ یہ طاقتور ہے۔ یہ سب کچھ بدل دیتا ہے۔

:یہ دعا بلند آواز سے کریں

خداوند یسوع، مجھے یقین ہے کہ آپ خدا کے بیٹے ہیں۔"
مجھے یقین ہے کہ آپ میرے گناہوں کے لیے مرے اور دوبارہ جی اٹھے۔
میں اعتراف کرتا ہوں کہ میں نے گناہ کیا ہے اور مجھے آپ کی معافی کی ضرورت ہے۔
آج میں توبہ کرتا ہوں اور اپنے پرانے راستوں سے رجوع کرتا ہوں۔
میں آپ کو اپنی زندگی میں اپنا رب اور نجات دہندہ بننے کے لیے مدعو کرتا ہوں،
مجھے صاف کرو۔ مجھے اپنی روح سے بھر دو۔
میں اعلان کرتا ہوں کہ آپ اس دن سے آزاد ہوں گے، میں
- "اس دن سے آزاد ہوں گا، میں اس دن کی پیروی کروں گا۔
،اور میں آپ کے قدموں میں رہوں گا
مجھے یسوع کے نام پر بچانے کے لیے۔

نجات کے بعد اگلے اقدامات

1. **کسی کو بتائیں** - اپنے فیصلے کو اس مومن کے ساتھ شیئر کریں جس پر آپ بھروسہ کریں۔
2. **بائبل پر مبنی چرچ تلاش کریں** - ایک ایسی کمیونٹی میں شامل ہوں جو خدا کے کلام کی تعلیم دیتی ہے اور اسے زندہ کرتی ہے۔ https://www.otakada.org یا https://chat.whatsapp.com/H67spSun32DDTma8TLh0ov کے ذریعے خدا کی عقاب وزارتوں کو آن لائن دیکھیں
3. **بپتسمہ لیں** - اپنے عقیدے کا اعلان کرنے کے لیے عوامی طور پر اگلا قدم اٹھائیں۔
4. **روزانہ بائبل پڑھیں** – جان کی انجیل سے شروع کریں۔

5. **ہر روز دعا کریں** ۔ خدا سے ایک دوست اور باپ کے طور پر بات کریں۔
6. **جڑے رہیں** - اپنے آپ کو ایسے لوگوں سے گھیر لیں جو آپ کی نئی واک کی حوصلہ افزائی کرتے ہیں۔
7. **کمیونٹی کے اندر شاگردی کا عمل شروع کریں** - ان لنکس کے ذریعے یسوع مسیح کے ساتھ ایک دوسرے کے ساتھ رشتہ استوار کریں۔

40 1 دن کی شاگردی - https://www.otakada.org/get-free-40-days-online-discipleship-course-in-a-journey-with-jesus/

40 2 شاگردی - https://www.otakada.org/get-free-40-days-dna-of-discipleship-journey-with-jesus-series-2/

میرا نجات کا لمحہ

تاریخ : ______________________

دستخط : ____________________

اگر کوئی مسیح میں ہے تو وہ ایک نئی تخلیق ہے؛ پرانا ختم ہو گیا، نیا آ"
"!گیا ہے
کرنتھیوں 5:17 2—

مسیح میں نئی زندگی کا سرٹیفکیٹ

نجات کا اعلان – فضل سے دوبارہ پیدا ہوا۔

یہ اس بات کی تصدیق کرتا ہے۔

_____

(پورا نام)

یسوع مسیح پر ایمان کا رب اور نجات دہندہ کے طور پر اعلان کیا ہے اور اس کی موت اور قیامت کے ذریعے نجات کا مفت تحفہ حاصل کیا ہے۔

"اگر آپ کھلے عام اعلان کرتے ہیں کہ یسوع خداوند ہے اور اپنے دل میں یقین رکھتے ہیں کہ خدا نے اسے مردوں میں سے زندہ کیا تو آپ بچ جائیں گے۔"
— رومیوں 10:9 (این ایل ٹی)

اس دن جنت خوشیاں مناتی ہے اور ایک نیا سفر شروع ہوتا ہے۔

فیصلے کی تاریخ :

_____

دستخط :

_____

نجات کا اعلان

"آج، میں اپنی زندگی یسوع مسیح کے حوالے کرتا ہوں۔
مجھے یقین ہے کہ وہ میرے گناہوں کے لیے مر گیا اور دوبارہ جی اُٹھا۔
میں اسے اپنے رب اور نجات دہندہ کے طور پر قبول کرتا ہوں۔ مجھے
معاف کیا گیا، دوبارہ پیدا ہوا، اور نیا بنایا گیا۔ اس لمحے سے آگے، میں
اس کے نقش قدم پر چلوں گا۔"

خدا کے خاندان میں خوش آمدید!

آپ کا نام میمنے کی زندگی کی کتاب میں لکھا گیا ہے۔
آپ کی کہانی ابھی شروع ہوئی ہے - اور یہ ابدی ہے۔

خدا کی عقاب وزارتوں کے ساتھ جڑیں۔

- ویب سائٹ: www.otakada.org
- فکر سے پرے دولت کی سیریز:
  www.wealthbeyondworryseries.com
- ای میل: ambassador@otakada.org
- اس کام کی حمایت کریں:

عہد کی قیادت میں دینے کے ذریعے بادشاہی منصوبوں، مشنوں اور مفت عالمی وسائل کی حمایت کریں۔
QR کوڈ اسکین دینے کے لیے https://tithe.ly/give?c=308311 کریں۔

آپ کی سخاوت ہمیں مزید روحوں تک پہنچنے، وسائل کا ترجمہ کرنے، مشنریوں کی مدد کرنے، اور عالمی سطح پر شاگردی کے نظام کی تعمیر میں مدد کرتی ہے۔ شکریہ

Give in the Spirit of Luke 6:38

3. ہماری WhatsApp Covenant۔ کمیونٹی میں شامل ہوں

اپ ڈیٹس، عقیدتی مواد حاصل کریں، اور دنیا بھر میں عہد کے حامل مومنین کے ساتھ جڑیں۔
شامل ہونے کے لیے اسکین کریں
https://chat.whatsapp.com/H67spSun32DDTma8TLh0ov

تجویز کردہ کتابیں اور وسائل

- | **_اندھیرے کی طاقت سے نجات (پیپر بیک)** - یہاں خریدیں ایمیزون پر ای بک

○ **ریاستہائے متحدہ سے سرفہرست جائزے:**

▪ **کنڈل کسٹمر** : "اب تک کا بہترین عیسائی پڑھا گیا!" (5 ستارے)

اس گواہی کے لیے یسوع کی تعریف کریں۔ مجھے بہت برکت ملی ہے اور میں ہر ایک کو اس کتاب کو پڑھنے کی سفارش کروں گا... کیونکہ گناہ کی اجرت موت ہے لیکن خدا کا تحفہ ابدی زندگی ہے۔ السلام علیکم السلام علیکم!

▪ **Da Gster** : "یہ ایک بہت ہی دلچسپ اور بلکہ عجیب کتاب ہے۔" (5 ستارے)

اگر کتاب میں جو کہا گیا ہے وہ سچ ہے تو ہم واقعی اس سے بہت پیچھے ہیں جو دشمن کرنے کی صلاحیت رکھتا ہے! ... روحانی جنگ کے بارے میں سیکھنے کے خواہشمند ہر فرد کے لیے ضروری ہے۔

- **ویزا** : "اس کتاب سے پیار کریں" (5 ستارے)

یہ آنکھ کھولنے والا ہے... ایک سچا اعتراف... حال ہی میں میں اسے خریدنے کے لیے ہر جگہ تلاش کر رہا ہوں۔ اسے ایمیزون سے حاصل کرکے بہت خوشی ہوئی۔

- "کافی مختلف" (4 ستارے) : "FrankJM

یہ کتاب مجھے یاد دلاتی ہے کہ حقیقی روحانی جنگ کتنی ہے۔ یہ "خدا کا مکمل ہتھیار" پہننے کی وجہ بھی ذہن میں لاتا ہے۔

- **جین جین** : "ہر کوئی جو جنت میں جانا چاہتا ہے۔ اسے پڑھیں!" (5 ستارے)

اس کتاب نے میری زندگی کو بہت بدل دیا۔ جان رامیرز کی گواہی کے ساتھ، یہ آپ کو اپنے ایمان کو مختلف انداز میں دیکھنے پر مجبور کرے گا۔ میں نے اسے 6 بار پڑھا ہے

- | سابق شیطانی: جیمز ایکسچینج (پیپر بیک) - یہاں خریدیں
  ایمیزون پر ای بک

- ایک افریقی سابق شیطان کی گواہی - پادری جوناس لوکنٹو
  ایمپالا (پیپر بیک) - یہاں خریدیں | ایمیزون پر ای بک

- گریٹر ایکسپلائٹس 14 (پیپر بیک) - یہاں خریدیں | ایمیزون پر ای بک

- شیطان کے کولڈرن سے باہر — ایمیزون پر دستیاب ہے۔
- وہ ریبیکا براؤن کے ذریعہ قیدیوں کو آزاد کرنے آیا تھا ۔ ایمیزون پر تلاش کریں۔

مصنف کی طرف سے شائع کردہ دیگر کتابیں - 500 سے زیادہ عنوانات

پیار، چنا اور مکمل : مسترد ہونے سے بحالی تک 30 دن کا سفر دنیا کی 40 زبانوں میں ترجمہ کیا گیا

https://www.amazon.com/Loved-Chosen-Whole-Rejection-Restoration-ebook/dp/B0F9VSD8WL

https://shop.ingramspark.com/b/084?params=xga0WR16muFUwCoeMUBHQ6HwYjddLGpugQHb3DVa5hE

ان کے قدموں میں — ایک 40 دن کا WWJD چیلنج:
دنیا بھر میں حقیقی زندگی کی کہانیوں میں یسوع کی طرح زندگی گزارنا

https://www.amazon.com/His-Steps-Challenge-Real-Life-Stories-ebook/dp/B0FCYTL5MG

https://shop.ingramspark.com/b/084?params=DuNTWS59IbkvSKtGFbCbEFdv3Zg0FaITUEvlK49yLzB

یسوع دروازے پر:
دل دہلا دینے والی کہانیاں اور آج کے گرجا گھروں کو جنت کی آخری 40 وارننگ

https://www.amazon.com/dp/B0FDX31L9F

https://shop.ingramspark.com/b/084?params=TpdA5j8WPvw83glJ12N1B3nf8LQte2a1lIEy32bHcGg

عہد کی زندگی: استثنا 28 کی برکت میں چلنے کے 40 دن

https://www.amazon.com/dp/B0 -
FFJCLDB5

حقیقی لوگوں، حقیقی فرمانبرداری اور حقیقی کی کہانیاں

https://shop.ingramspark.com/b/084?params=bH3pzf
z1zdCOLpbs7tZYJNYgGcYfU32VMz3J3a4e2Qt

سے زیادہ زبانوں میں تبدیلی 20

اسے جاننا اور اسے جاننا:
شفا یابی، تفہیم، اور دیرپا محبت کے 40 دن

https://www.amazon.com/KNOWING-HER-HIM-Healing-Understanding-ebook/dp/B0FGC4V3D9

https://shop.ingramspark.com/b/084?params=vC6KCLoI7Nnum24BVmBtSme9i6k59p3oynaZOY4B9Rd

مکمل، مقابلہ نہیں:
مقصد، اتحاد اور تعاون کا 40 دن کا سفر

https://shop.ingramspark.com/b/084?params=5E4v1tHgeTqOOuEtfTYUzZDzLyXLee30cqYo0Ov9941

https://www.amazon.com/COMPLETE-NOT-COMPETE-Journey-Collaboration-ebook/dp/B0FGGL1XSQ/

الہی صحت کا کوڈ - خدا کے کلام اور تخلیق کے ذریعے شفا یابی کو
فعال کرنے کے لیے روزانہ کی 40 کلیدیں پودوں، دعا اور نبوی عمل کی
شفا بخش طاقت کو کھولتی ہیں۔

https://shop.ingramspark.com/b/084?params=xkZMrYcEHnrJDhe1wuHHYixZDViiArCeJ6PbNMTbTux

https://www.amazon.com/dp/B0FHJT42TK

دیگر کتابیں مصنف کے صفحے پر مل سکتی ہیں

https://www.amazon.com/stores/Ambassador-Monday-O.-Ogbe/author/B07MSBPFNX

ضمیمہ)6-1 :(آزادی کو برقرار رکھنے اور گہرائی سے نجات کے لیے وسائل

،ضمیمہ 1 :چرچ میں پوشیدہ جادو ٹونے جادو کے طریقوں، یا عجیب قربان گاہوں کو جاننے کے لیے دعا

- "اے ابن آدم، کیا تم دیکھتے ہو کہ وہ اندھیرے میں کیا کر رہے ہیں؟"
حزقی ایل 8:12
اور اندھیرے کے بے نتیجہ کاموں کے ساتھ کوئی رفاقت نہ رکھو، بلکہ" ان کو بے نقاب کرو۔" —افسیوں 5:11

:فہم و فراست کی دعا

خُداوند یسوع، میری آنکھیں کھولیں کہ آپ کیا دیکھ رہے ہیں۔ ہر عجیب و غریب آگ، ہر خفیہ قربان گاہ، منبروں کے پیچھے چھپے ہوئے ہر علمی عمل کو بے نقاب کیا جائے۔ پردے ہٹا دیں۔ عبادت کے طور پر نقاب پوش بت پرستی، نبوت کے طور پر نقاب پوش ہیرا پھیری، اور فضل کے طور پر نقاب پوش کج روی کو ظاہر کریں۔ میری مقامی اسمبلی کو صاف کریں۔ اگر میں سمجھوتہ شدہ رفاقت کا حصہ ہوں تو مجھے حفاظت کی طرف لے جائیں۔ خالص قربان گاہیں بلند کریں۔ ہاتھ صاف کریں۔ مقدس دل۔ یسوع کے نام پر۔ آمین۔

ضمیمہ 2 :میڈیا سے دستبرداری اور صفائی کا پروٹوکول

— "...میں کوئی بری چیز اپنی آنکھوں کے سامنے نہیں رکھوں گا"
زبور 101:3

اپنی میڈیا لائف کو صاف کرنے کے اقدامات:

1. **کا آڈٹ کریں**: فلمیں، موسیقی، گیمز، کتابیں، پلیٹ فارم۔
2. **پوچھو**: کیا یہ خدا کی تسبیح کرتا ہے؟ کیا یہ اندھیرے کے دروازے کھولتا ہے (مثال کے طور پر، وحشت، ہوس، جادو ٹونا، پرتشدد یا نئے دور کے موضوعات)؟
3. **ترک کرنا**:
میں بے دین میڈیا کے ذریعے کھولے جانے والے ہر شیطانی پورٹل کو ترک کرتا ہوں۔ میں اپنی روح کو مشہور شخصیات، تخلیق کاروں کرداروں اور دشمن کے ذریعے بااختیار بنائے گئے کہانیوں کے تمام "روحی رشتوں سے منقطع کرتا ہوں۔
4. **حذف کریں اور تباہ کریں**: مواد کو جسمانی اور ڈیجیٹل طور پر ہٹا دیں۔
5. **بدلیں** — عبادت، تعلیمات، شہادتیں، صحت بخش فلمیں۔

ضمیمہ 3: فری میسنری، کبلہ، کنڈالینی، جادو ٹونا، جادو ترک کرنے کا اسکرپٹ

"اندھیرے کے بے نتیجہ کاموں سے کوئی تعلق نہ رکھو..." - افسیوں 5:11

بلند آواز سے کہو:
یسوع مسیح کے نام پر، میں ہر قسم کے حلف، رسم، علامت، اور کسی بھی خفیہ معاشرے یا جادوئی حکم کو ترک کرتا ہوں ۔ دانستہ یا نادانستہ۔ میں تمام تعلقات کو مسترد کرتا ہوں:

- **فری میسنری** - تمام ڈگریاں، علامات، خون کی قسمیں، لعنتیں اور بت پرستی۔
- **قبالہ** - یہودی تصوف، ظہر پڑھنا، زندگی کا درخت، یا فرشتہ جادو۔
- **کنڈالینی** - تیسری آنکھ کھلنا، یوگا بیداری، سانپ فائر، اور چکرا سیدھ
- **جادو ٹونا اور نیا دور** - علم نجوم، ٹیرو، کرسٹل، چاند کی رسومات، روح کا سفر، ریکی، سفید یا کالا جادو۔
- **Jesuit، کھوپڑی اور ہڈیاں، Illuminati، Rosicrucians، Oaths، Druid Orders، Satanism، Spiritism، Santeria، Voodoo، Wicca، Thelema، Gnosticism، مصری اسرار، بابل کی رسومات۔**

میں اپنی طرف سے کیے گئے ہر عہد کو منسوخ کرتا ہوں۔ میں نے اپنے خون کی لکیر میں، اپنے خوابوں میں، یا روح کے رشتوں کے ذریعے تمام رشتوں کو کاٹ دیا۔ میں اپنے پورے وجود کو خُداوند یسوع مسیح کے حوالے کرتا ہوں — روح، روح اور جسم۔ ہر شیطانی پورٹل کو میمنہ کے خون سے مستقل طور پر بند کر دیا جائے۔ میرا نام ہر تاریک رجسٹر سے پاک ہو جائے۔ آمین۔

ضمیمہ 4 :مسح کرنے والی تیل کی ایکٹیویشن گائیڈ

کیا تم میں سے کوئی مصیبت زدہ ہے؟ اسے دعا کرنے دو، کیا تم میں" سے کوئی بیمار ہے؟ وہ بزرگوں کو بلائیں... رب کے نام پر تیل سے مسح کریں۔" —یعقوب 5:13-14

:نجات اور تسلط کے لیے مسح کرنے والے تیل کا استعمال کیسے کریں

- **پیشانی** : ذہن کی تجدید۔
- **کان** : خدا کی آواز کو پہچاننا۔

- **پیٹ** : جذبات اور روح کی نشست کو صاف کرنا۔
- **پاؤں** : الہی تقدیر میں چلنا۔
- **دروازے/کھڑکیاں** : روحانی دروازے بند کرنا اور گھروں کو صاف کرنا۔

:مسح کرتے ہوئے اعلان
میں اس جگہ اور برتن کو روح القدس کے تیل سے پاک کرتا ہوں۔ یہاں" کسی بدروح کو قانونی رسائی حاصل نہیں ہے۔ خداوند کی شان کو اس "جگہ رہنے دو۔

ضمیمہ 5: خفیہ ذرائع سے تیسری آنکھ اور مافوق الفطرت نظر کا ترک
:بلند آواز سے کہو
یسوع مسیح کے نام پر، میں اپنی تیسری آنکھ کے ہر کھلنے کو ترک" کرتا ہوں — خواہ وہ صدمے، یوگا، نجومی سفر، سائیکیڈیلکس، یا روحانی ہیرا پھیری کے ذریعے۔ میں آپ سے کہتا ہوں، خُداوند، تمام غیر قانونی پورٹلز کو بند کر کے انہیں یسوع کے خون سے سیل کر دے۔ میں ہر وہ بصیرت، بصیرت، یا مافوق الفطرت صلاحیت کو جاری کرتا ہوں جو کہ ہر اسپیشل واچ، سپیکر یا سپہ سالار کی طرف سے نہیں آیا۔ میری نگرانی کرنے والی ہستی کو یسوع کے نام میں بند کر دیا جائے، میں طاقت پر مباشرت کا انتخاب کرتا ہوں۔

ضمیمہ 6 :روحانی ترقی کے لیے شہادتوں کے ساتھ ویڈیو وسائل

- منٹ سے شروع کریں 1.5 (1
https://www.youtube.com/watch?v=CbFRdraValc

2)
https://youtu.be/b6WBHAcwN0k?si=ZUPHzhDVnn1PPIEG

3) https://youtu.be/XvcqdbEIO1M?si=GBlXg-cO-7f09cR

4) https://youtu.be/jSm4r5oEKjE?si=1Z0CPgA33S0Mfvyt
5) https://youtu.be/B2VYQ2-5CQ8?si=9MPNQuA2f2rNtNMH
6) https://youtu.be/MxY2gJzYO-U?si=tr6EMQ6kcKyjkYRs
7) https://youtu.be/ZW0dJAsfJD8?si=Dz0b44I53W_Fz73A
8) https://youtu.be/q6_xMzsj_WA?si=ZTotYKo6Xax9nCWK
9) https://youtu.be/c2ioRBNriG8?si=JDwXwxhe3jZlej1U
10) https://youtu.be/8PqGMMtbAyo?si=UqK_S_hiyJ7rEGz1
11) https://youtu.be/rJXu4RkqvHQ?si=yaRAA_6KIxjm0eOX
12) https://youtu.be/nS_Insp7i_Y?si=ASKLVs6iYdZToLKH
13) https://youtu.be/-EU83j_eXac?si=-jG4StQOw7S0aNaL
14) https://youtu.be/_r4Jyzs2EDk?si=tldAtKOB_3-J_j_C
15) https://youtu.be/KiiUPLaV7xQ?si=I4x7aVmbgbrtXF_S
16) https://youtu.be/68m037cPEu0?si=XpuyyEzGfK1qWYRt
17) https://youtu.be/z4zlp9_aRQg?si=DR3lDYTt632E96a6
18) https://youtube.com/shorts/H_90n-QZU5Q?si=uLPScVXm81DqU6ds

حتمی انتباہ : آپ اس کے ساتھ نہیں کھیل سکتے

نجات تفریح نہیں ہے۔ یہ جنگ ہے۔
توبہ کے بغیر ترک کرنا صرف شور ہے۔ تجسس بلانے جیسا نہیں ہے۔
ایسی چیزیں ہیں جن سے آپ اتفاق سے ٹھیک نہیں ہوتے۔
تو قیمت شمار کریں۔ پاکیزگی کے ساتھ چلنا۔ اپنے دروازوں کی حفاظت کرو۔

کیونکہ شیاطین شور کا احترام نہیں کرتے ۔ صرف اتھارٹی۔

www.ingramcontent.com/pod-product-compliance
Lightning Source LLC
Chambersburg PA
CBHW050339010526
44119CB00049B/617
* 9 7 8 1 0 8 8 2 1 1 0 3 8 *